イラン音楽　声の文化と即興

目次

第五章 グーシェ（旋律型）分析 135

イラン音楽　声の文化と即興

はじめに——問題の所在

イラン音楽（或いはペルシア音楽）というとき、人はどのような音楽をイメージするだろうか。具体的にどのような響きや楽器を想像するだろうか。故小泉文夫（一九二七～八三）による「私が死ぬとき、最後の五分間だけお前の好きな音楽をきかしてやる、といわれたら、私は躊躇なく、ペルシャの歌がききたいと、頼むだろう。世界のあまたの民族の歌の中で、ペルシャの歌ほど美しいものはない。……その絢爛たる旋律は、イスファハーンのモスクのタイルと同じように、きく人を夢の世界にいざなう。」（小泉　一九七八：三五八～三五九）という言葉が残されてから約三十年、ようやく日本でもホセイン・アリザーデやシャハラム・ナーゼリー、ケイハーン・キャルホールなどの大物イラン人音楽家の来日が相次ぎ、イラン音楽の響きを直接耳にすることが出来るようになってきた。

これまでイランの音楽は、その存在がアラブやインドの音楽文化とも非常に大きな影響関係にあるという点で重要視されてはいたものの、政治・宗教的な情勢のせいか、その情報の少なさのゆえ、一部に熱心な愛好家が存在してきた一方でどちらかというとマイナーな存在になりがちであったことは否定できないだろう。

しかしそれでもなお、イラン音楽について語るとき、前述の小泉文夫の発言とともに「即興演奏」をその特徴や醍醐味のひとつとして説明する語り口は、地味ながらもかなり広く定着してきたように思われる。本書は、このイラン音楽の「即興演奏」をめぐって、「音楽家は一体何をどのように演奏しているのか？　そして伝統音楽の習得プロセスにおいて、そもそも学習者は一体どのような規範を体得し、即興演奏を可能なものとしているのか？」という問題意識を発端として書かれたものである。

これまでイランの伝統音楽——とりわけ、明確な拍を持たないアーヴァーズ āvāz と呼ばれる部分——は、アカデミックな言説においても「即興で演奏される」という風に一般的に説明されてきた。確かにイランの音楽家たちは自らの演奏を「二度と同じようには弾けない」とか「何通りにでも弾ける」という風に形容し、あらかじめ作曲されたものを弾くのではない音楽創作のあり方をある種強調してきたと言える。

しかしひとくちに即興と言っても、世界の様々な音楽ジャンルにおいてその実態は実に多様であり、それを一筋縄で括ることは容易でない。そうした中でイラン伝統音楽の即興とは、具体的にどのような特質を持つものなのだろうか——そこでここでは、即興演奏の定義を簡単に振り返りながら、それをイラン音楽研究に対する有用性という観点から改めて見直し、問題設定を図りたいと思う。

ブルーノ・ネトルの「即興モデル」論

『ニューグローヴ世界音楽大事典』（*The New Grove Dictionary of Music and Musicians 2nd.ed.*）のインプロヴ

ィゼーション"improvisation"項目では、即興演奏は次のように定義されている。

演奏の過程において作品が創作されること、或いは演奏過程において作品に最終的な形が与えられることThe creation of a musical work, or the final form of a musical work, as it is being performed (Nettl et al. 2001:94)

この定義からは、即興というもののいくつかの側面を読み取ることが出来るだろう。まず「演奏の過程において作品が創作されること」という記述から浮き彫りになるのは、「演奏のその瞬間まで作品が存在していない」という側面である。つまり創作に予め費やされる時間の「短さ」或いは「不在」という点から、即興は演奏に先立つ作曲行為——これから行なわれるパフォーマンスをプロダクトの観点からできるだけ細かく予め規定しておこうとする(時間を割く)創作のありかた——と対置されて捉えられているのである。

一方もうひとつの「演奏過程において作品に最終的な形が与えられること」という記述は、より広い意味での即興のあり方を示している。例えば「全ての演奏は多かれ少なかれ即興を含んでいる」というような意味での即興のあり方はその一例だと言えるだろう。確かに予め作曲された作品でさえ、実際の演奏では、様々な不測の要因が肯定的にも否定的にも働き、二度と同じ演奏はありえない——そういう意味では確かに全ての演奏は多かれ少なかれ即興的要素を含んでおり、作品の最終的な形というものは演奏過程における即興的要素によって与えられると言えよう。とはいえこうした類の認識は、全ての音楽現象に適用可能なだけに、濫用すれば各音楽文化に固有な即興概念抽出の議論を後退化させてしまう可能性をも孕んでいると言える。だとすればこの記述はむしろ、「作曲」行為との対置では捉えきれない、即興の別のあり方を指し示すものとして捉えることができないだろうか。

作曲と対置される即興のあり方について、民族音楽学者ブルーノ・ネトルは、論文「即興演奏考——比較的アプローチ」"Thoughts on Improvisation: A Comparative Approach" において、世界の多様な音楽創作の例を引きながら、そもそも文化によって作曲と即興とを線引きする境界線は曖昧だとしている。ここでネトルが念頭に置いていると考えられるのは、例えば次のような即興演奏のあり方である。

> 通常アジアの音楽家は即興の前に何年もかけて伝統的なモデルを記憶し吸収するものであり、その最終的な演奏というのは、それ以前に作曲された断片を含むものである。即興とは予め考えておくことなく自然の衝動に任せるという意味も持つが、この衝動は高度に訓練されたものであり、根底に存在する展開のスキームに導かれていることが多い。(Jairazbhoy 1980:52)

つまり音楽家は全く無の状態から音楽を生み出しているわけではなく、予め即興というパフォーマンスの基盤となるものを準備しているのである。ネトルは、そうしたパフォーマンスの基盤となるものを「モデル model」或いは「出発点 points of departure」と表現する（Nettl 2001: 96）が、イラン音楽のダストガーのような旋法体系に基づく即興演奏とは、まさにこうした「モデル」に基づく即興演奏の一例だと言えるだろう。

『パフォーマンスのさなかに――「即興演奏の世界」研究』（*In the Course of Performance: Studies in the World of Musical Improvisation*）の序章「学界で軽視された芸術」"An Art Neglected in Scholarship" において彼が繰り返し述べているように、常に「作曲」との対比の中で「自然にまかせた衝動」「計画性の欠如」「構成のあいまいさ」などといったイメージで語られてきた即興に対し、実際には即興にも数々の制約というものが存在するのであり、作曲行為との間で対照的なイメージを持つことが必ずしも適当でないことを指摘したという点で、ネトルのこの「モデル」論は、即興についての彼の最も包括的な指摘と言えるだろう。

そして先行研究はこれまで、各音楽文化によって非常に多岐にわたる、これら「モデル」や「出発点」の内実の解明を研究の中心課題としてきた。前述の論文「即興演奏考――比較的アプローチ」によれば、たとえばイラン伝統音楽におけるモデル――ダストガーと呼ばれる旋法体系――については、それを構成する様々な「伝統的旋律型」やそうした旋律型が持つ「中心音」、「終結部への導入旋律型」などがモデルの構成要素 building blocks（Nettl 1974:13）として明らかにされてきたのである。

拘束性と対置される「自由」？

ところで、このような「モデル」解明を中心として行なわれてきた即興研究には、あるひとつのパラダイムが存在している。それは、演奏者が「規則を守ろうとすること」と「自分の思うままに自由に弾こうとすること」とのバランスの中で即興演奏を行なっているというような認識である（Nettl 1998:16など）。こうした認識は一見至極当然なことのように思える。しかし、世界の多様な即興概念の中で、演奏者にとってそもそも「自由」というものが拘束性と対置されるような概念としてあるのかどうかについては、実は検討の余地がある。

このことを考えるにあたって、固定的なテクストに基づかない、伝統的な「語り」の即興パフォーマンスはある手がかりを与えてくれる。ウォルター・オングが『声の文化と文字の文化』（*Orality and Literacy: The Technologizing of the Word*）で指摘したように、口頭によって語り継がれる物語には、固定的なテクストに基づく思考のなかで意識的に作りだされる、論理的展開によってある種の解決へと導かれる物語とは異なった特質が見出される。例えば、イランの国教であるシーア派の第三代イマーム、ホセインの殉教日に行なわれるアーシュラーと呼ばれる宗教儀礼では、ロウゼ・ハンと呼ばれる語り手が、ホセインとその一行がイラクのカルバラーで殉教するまでの悲劇を物語ってゆくが、そこで語られるのは、厳密な順序によって論理的道筋を展開するものというより、むしろばらばらの「断片」――どれもが、「殉教」というシンプルな設定のなかでその悲劇性を象徴する周知のエピソードであり、それらは互いに順不同な挿話の寄せ集めというかたちを採っているのである。

こうした構造のなかで語り手が行なう即興には、「個人の裁量に任される」というようなあり方以前の、ある根源的な特徴が見られる。例えばそこでいう即興とは、語り手個人の能力によって挿話に新しい要素が持ち込まれるということではなく、むしろそれまでにも幾度となく語られた挿話の断片を「思い出し」ながらパラフレーズしてゆくことを指している場合が多い。つまり物語自体に論理的展開が必要ないがゆえに、その語りは挿話の「断片的想起」で事足りるのである。結果そこでのパラフレーズとは、語り手の創造性によって主体的になされるというより、厳密にみれば過去に語られた断片の「繰り返し」という側面を強く持つこととなる。

「任意性」の再検討にむけて

この「繰り返し」という言葉が持つ含意については以下の本論で詳細に検討するが、とりあえずこのような事例からは、演じ手にとって「自由」というものが拘束性と対置されるような意味合いで明確に存在するわけではないことが窺える。「自由」は、字義通りのニュアンスで単純に設定することが困難になってくるのである。

思えば、各音楽文化における「モデル」や「出発点」研究の中で、多種多様なあり方が指摘されてきたのはその「拘束性」の側面ばかりであって、その拘束性の性質と表裏一体であるはずの「任意性」自体の質的な多様性についてはほとんど議論されることはなかった。これには訳がある。なるほど、拘束性というものは各文化に特徴的なものとして多様な性質やあり方が当然のごとく認められ考察の対象となるだろう。しかし一方で「自由にすること」自体はまさに字面通りの、人間に共通した営みとみなされ、それ自体が特に考察の対象となることは稀だったのである。

先行研究のパラダイムは「自由とルールとの間でバランスを取る」という表現を用いることで、「完全な自由」や「完全な拘束」がありえないことを示唆してはいるものの、「自由」そのものの中身が吟味されておらず、「拘束性」と対置する概念でしか捉えられていないという点では不完全であり、「完全な自由」と言っているのとさほど変わりがないと言えるだろう。それを単に字義的に捉えるだけでは、ネトル自身が批判した西洋の即興に対する視点――「自然にまかせた衝動」「計画性の欠如」という見方――と本質的には何も変わらないのである。

つまりそこに必要なのは、演奏者がモデルをどう捉え運用しているのかについての視点である。モデルというものは拘束性の側面からだけではなく、「自由」のあり方をも含めた「運用のあり方」全体から捉えられるべきなのである。モデル自体をいくら詳細に解明しても、それと対峙する精神が研究者側のバイアスによって固定化されていれば、彼らの即興概念をあぶりだすことは困難だと言えよう。このような観点から本書は、モデル（拘束性）それ自体の解明というよりは、音楽家が即興演奏に際し、そのモデルとどう対峙しているのかという彼らの精神や記憶のあり方の解明を目的として、以下のような形で論を進めてゆくことにする。

本書の構成

まず第一章「ラディーフとはなにか――その再定義にむけて」では、基礎的議論として、伝統音楽の入門者が必ず習得せねばならないラディーフと呼ばれる伝統的旋律型集に焦点をあてる。従来ラディーフは「ペルシャ伝統音楽のレパートリーを構成する小曲群の総体」「規範的な旋律の集合体」等のように定義されてきた。しかしこうした定義には、ラディーフを学習することによって誘発される、学習者個々人の即興演奏への動機付けの仕組みが殆ど反映されていない。言い換えるなら、ラディーフそのものが学習者に対して働きかける「機能」――学習者のなかに「規範」を生成させ、即興演奏を可能にさせてゆく「しくみ」――についての言及・考察が抜け落ちているのである。

本章では、ラディーフというものをまず「初心者にとってどういう意味を持つのか」というところから始めて、それが「より高いレベルに達した（即興演奏へ向かおうとする）学習者や音楽家にとっては、更にいかなる意味へと変容してゆくのか」を考察することで前述の「機能」の問題へと焦点をあて、ラディーフの再定義を試みる。

第二章「読譜行為を支える声のイメージ」では、イラン音楽の規範のひとつとして従来繰り返し指摘されてきた「イラン音楽と詩のリズムとの関連性」を「楽譜を読む」という行為から再確認する。「イラン音楽の本質がうたにある」ということは、これまでにも幾度も指摘されてきた。しかしだからといって、ただそれを無意識に自明のものとして受け入れてしまうだけでは、当事者のリアリティを重視する本書のスタンスには馴染まない。そこで本章では、イラン音楽の実践者が日常的に行なっている「楽譜を読む」という行為をひとつの事例として、そうした行為の中で彼らが「音楽と詩のリズムの連関」をリアルに実感しているさまを浮き彫りにしてゆく。

第三章「即興概念——即興モデルと対峙する演奏者の精神と記憶のあり方」では、イラン音楽の「即興」概念について検討する。即興演奏を行なう音楽家は、全く無の状態から音楽を生み出しているわけではなく、予め即興というパフォーマンスの基盤となるものを準備している——民族音楽学はこのような考え方に基づき、世界の多種多様な音楽文化における「パフォーマンスの基盤となるもの」の内実の解明をこれまで研究の中心課題としてきた。そしてその一方で、即興演奏とはこのような予め体得された「モデル（＝義務的要素）」に基づきつつも、演奏のまさにその瞬間に演者が「個性を自由に発揮する」ことによってなされるのだと認識してきた。すなわち先行研究は、即興演奏というものを最終的には音楽家個人の「創造性」の中で捉えようとしてきたと言える。

本章ではこのような「個人の創造性」という視点が、イラン伝統音楽の「即興」概念を考える上でどこまで妥当なのかを、汎西アジア的な心性という観点から検討する。そこでは特にウォルター・オングの言う「声の文化」的精神と「テクスト（文字）文化」的精神という対比項を導入することで、演奏者にとってそもそも「自由」や「個性を発揮」というようなあり方が、近代西洋的な意味合いで——義務的要素と対置されるような字義通りの概念として——存在しているのかどうかを再検討し、イラン音楽における「作者」や「作品」の概念までを問い直す。

間奏「「語りの文化」としてのイラン音楽」では、第三章を補完する目的で、前述のアーシュラーと呼ばれる宗教儀礼の「語り」パフォーマンスを採り上げ、そこで語られる物語の特質からその「声の文化」的特質を明らかにし、それが即興演奏の精神構造ともかなりの点で符合することを再確認する。

第四章「チャルフ――演奏形式と楽曲構造にみる「廻り」のパラダイム」では、イラン文化を考えてゆく上でのキーワードのひとつである「チャルフ charkh（廻るもの）」を手がかりに、前章で触れた「声の文化」的特質によってともすれば冗長・多弁なだけのようにみえる即興演奏が、実は全体的には「チャルフ（廻るもの）」という概念によって、時間的に制御された構造を持っていることを指摘する。そして、即興演奏を行なう音楽家にとって「規範」とは、実体として措定できる旋律型そのものより、むしろチャルフのような旋律型間の「関係性」であるという点について考察を行なう。

第五章「グーシェ（旋律型）分析」では、特に第三・四章で示した論点にそって、六人の音楽家が伝承するラディーフを分析し、複数の音楽家がいかに伝統的旋律型という共有フレーズを用いて音楽を創り上げているのか――その運用のあり方やそこに見られるパラフレーズ性をより多彩な事例から浮き彫りにしてゆく。またそうした作業の中で、どの音楽家も全体としてチャルフという流れを例外なく形成している点についても例証してゆく。

第六章「即興を学ぶコンテクストの変容――「書くという精神構造」がイラン音楽の営みに及ぼした影響」では、二十世紀前半から徐々に定着した「書くという精神構造」の影響――記譜法や「練習曲」概念の導入の影響――を知識観・教育観の変容という点から考察し、伝統音楽の教習が「知識とは、仕事や生活の場で無限に立ち現れてくる事象を関係的に捉えてゆく学習者の動的な認識過程をさす」（生田　二〇〇一：二四四）という従来の関係論的知識観から、「教授されるものそれ自体が知識として役立つ」という実在論的知識観の要素を帯びつつある点について指摘する。そして、即興演奏の習得に不可欠な「チャルフ観」が現在の学習プロセスの中では見えにくくなっており、従来の「パラフレーズ」的即興観（やそれに基づくオリジナル概念、同一性・差異性の概念）が変容しつつあるという点について考察を行なう。

本書の記述がめざすもの

本書は、イラン音楽について日本語で書かれた、ほとんど初めてのまとまった書物である。これまで、イラン音楽についてのまとまった記述は、日本語ではそれほど多く存在してきたわけではない。筆者が一九九一年にイラン音楽と出会い、その後本格的に勉強を開始しようとしたときには、一冊の概説書すら日本語では見当たらないというのが現状だった。

その状況は実は今でもそれほど変わりがない。もちろん、学位論文や学会誌、あるいは専門的な音楽事典のような媒体に目を向ければ、イラン音楽についての記述は幾つも見受けられるだろう。とはいえ一方で、そうした記述は後述するように、傾向としては実際にイラン音楽の経験を積んだ者だけが事後的に理解できるようなかたちで述べられていることが殆どであった。そうした反省を踏まえ本書では、第五章を除き各章ごとに個別の研究としても読めるひとつのテーマを立て、それを学習者の目線から順次解き明かしてゆくという記述スタイルを（少なくとも出発点においては）重視したいと考えた。

そしてそのような意図を達成するにあたって予めお断りしておかなければならないのは、本書はイラン音楽についての包括的、教科書（概説書）的な記述を目指しているのではないということである。例えば本書では、イラン音楽で用いられる種々の楽器や旋法（ダストガー Dastgāh）、あるいは歴史的事実などを網羅的に羅列・紹介するということはしていない。既に述べたとおり、本書の問題意識は、ごく簡潔に言えば「学習者は一体何をどう学び、音楽家は何をどう演奏しているのか？」という点に集約される。すなわち本書の関心事はイラン音楽の学習プロセスに着目するなかから、学習者がどのように「規範」を体得し、イラン音楽の特徴のひとつである「即興演奏」を可能なものとしているのかを明らかにすることにあるのである。ならば、このような試みの成否は、その学習プロセスにおける数々の「出来事」とそのプロセスが最終的に目指しているところの「即興」という営みを、いかに当事者ならではのリアリティをもって描き出せるかにかかっていると言えるだろう。つまり本書ではできるだけ、概説的な記述にありがちな辞書的な説明を避けたい、ということが念頭に置かれている。このことをもう少し具体的に述べてみよう。

イラン音楽についての概説的記述はこれまで、ダストガーやラディーフといった概念の説明をその前段に持ってくることが殆どであった。これらの用語は確かに、イラン音楽理解の中核を為す非常に重要なキーワードである。そうしたわけで『ニューグローヴ世界音楽大事典』などでは、そうした用語の説明に少なからず頁が割かれているのである。

とはいえ、そうした記述を読むことですっきりした理解が得られることは殆ど稀であると言ったほうがよい。それは、そもそもどのようなテクニカルタームであれ辞書（概説）的な記述（定義）というものは、実際の文脈に支えられた理解なしには、ある種無味乾燥な印象を読み手に与えてしまいがちであるのと同時に、ダストガーやラディーフといった概念そのものが、当事者のリアリティのなかではその意味が多層的であり、結果辞書的な定義という択一的な記述枠の中では、必ずなんらかの意味が取りこぼされてしまう（という事態に無自覚な先行研究の）ためである。

そういうわけで、本書では、ラディーフとはなにか、ダストガーとはなにか、あるいは「規範」「即興」とはなにか、といった問いに最初から包括的かつ簡潔に答えることをあえて避けようと思う。順を追って学習者が音楽を学んでゆくプロセスに従って折りに触れて言及し、徐々にその意味の多層性に対し包括的な理解が得られるような記述にしたいと考えている。

第一章　ラディーフとはなにか——その再定義にむけて

1　はじめに

イランの伝統音楽において、音楽家たちの間で伝承されてきた旋律群が存在する。それらはラディーフ radif とよばれ、幾つかの流派がそれぞれに教典として伝承してきた。本章は、このラディーフと呼ばれる旋律群の伝承に基づく音楽習得の過程を詳細に検討することで、従来のラディーフの定義に新たな視点を付け加えることを目的としたものである。

ラディーフという旋律群は、グーシェ gūshe と呼ばれる比較的小単位の旋律によって組織されている。グーシェとは「角（かど）」とか「隅」といった意味を持ち、規模的には小旋律型から小曲に近いものまで様々である。一方ラディーフとは「列」「並び続くもの」などの意味を持つわけだが、そのとおりグーシェは、ラディーフという「旋律の連なり」を構成する「一角（いっかく）」を為しながら、旋法別に時間的な一定の順序を構成して並んでいる。つまりラディーフの伝承とは、具体的にはグーシェをひとつひとつその順序と共に、旋法毎に暗記してゆく作業のことなのである。

従来のイラン音楽研究においても、伝承現場におけるラディーフの教授法、つまりグーシェの教授法の実際は報告されている。柘植元一によれば「毎回一つのグーシェを記憶してそれぞれの楽器で再現できることが課され、……試験には、一人ひとりが、言うまでもなく、暗譜（注1）で指定されたグーシェを弾いた」とある（柘植　一九八九：二七九）。柘植が報告したのはテヘラン大学における、当時新設されたばかりの音楽学部での授業であったから、これをそのまま伝統的な伝承の場とすることはできないかもしれないが、少なくともそこでは師匠から教えられたグーシェをそのまま憶え演奏できることが求められていることがわかる。筆者がイランにおいてラディーフ伝承現場のフィールドワークを行なった時（注2）も、まず重要視されるのは楽譜どおり正確に弾けているか、暗譜できているかということであった。一つのグーシェを正確に暗譜できたなら次のグーシェへと進み、一つの旋法が終われば次の旋法へという具合に、学ぶ材料には事欠かなかったものの、学ぶ手順には一向に変化は見られなかったのである。

一方こうして正確に記憶されたラディーフは、実際の音楽活動においてそのままの形で演奏されるわけではない。筆者が現地で師事していた師匠は、こうしたグーシェの暗記作業の合間に弟子たちに向かって何らかのグーシェ名を挙げ、弾くよう命じることがしばしばあったが、ある時、そのグーシェを暗記し終えていたイラン人の弟子が弾き始めるや否や、即座に師はその演奏を遮り、「ラディーフからではなくて、自分で弾きなさい」と言うのである。それがある種の変奏のことを意味するのかどうか、当時の筆者にはその意図する所はよくつかめなかったが、結局その弟子は憶えたグーシェの旋律を頭から拭い去ることが出来なかったのか、その旋律をなぞるような演奏に終始することとなった。また同じ指示を受けた別の弟子はなにやら弾き始めたもののこれも師の意向にはそぐわなかったようだ。というのもグーシェの名称は、流派を問わず他のラディーフにもある程度共通しているものなのだが、実はその弟子が弾いたのは他流派のラディーフの旋律に酷似していたようなのだ。

こうした事例こそ、柘植がラディーフを「規範として習得され記憶されるが、これがそのままの形で演奏されることはまずない」(柘植 一九八九：二八二)と指摘する根拠の一端である。ではラディーフは一体どのような形となって演奏されるのか。その変化に規則めいたものはあるのか。柘植の論考は、ラディーフについてのこうした側面には深く立ち入ってはいない。また伝承の現場においてもこれらが具体的に示されることはついになかった。それどころかこういった質問に対しては「気の向く(感じる)ままに」あるいは「たくさんラディーフを弾けば、自然にわかる」といった答えしか返ってこなかったのである。

聞けば実際の音楽活動ではラディーフとは異なるまさに演奏者自身の音楽が奏でられているという。また同一の演奏者であっても同じ演奏が繰り返されることはないという。では正確に記憶されたラディーフは一体どのように実際の演奏に活かされているのか。即ちラディーフの伝承現場における「固定性」と実際の音楽活動に見られる「非固定性」との間には、一体いかなる理論が介在しているのであろうか。これが本章の出発点となる疑問である。

こうしたラディーフをめぐる「非固定性」に対する理解が、イラン人の言うようにラディーフを数多く弾くことから導き出されるものだとすれば、実際に幾つかのラディーフの伝承体験を重ねてみることが、その解明の糸口となるはずである。イラン人である弟子ですらラディーフをそのまま弾いた様に、その理解は、伝承行為を積み重ねてゆくことによって、学習者の内部に徐々に形成されてゆくはずである。そこで筆者は、その習得過程を体験すべく、現地で実際に、イラン人に交じりながら複数のラディーフ伝承のフィールドワークを重ねてみることとした。そこでは伝承行為に付随する様々な音楽経験とあいまって、伝承材料として学習者の前に明確に示されるものと、学習者がそこから汲み取ってゆくものとの差異がリアルに感じ取れるはずである。そこから、「ラディーフは一体どのような形となって実際の演奏に用いられるのか」という命題に対する答えを、演奏者の心理的過程に即した形でより具体的に導き出し、ラディーフの再定義へと繋げようというのが本章の目的である。

2　先行研究によるラディーフの定義と問題点の設定

さて、ラディーフは先行研究では一体どのように定義されているのだろうか。ラディーフの捉え方は研究者によって微妙に異なるが、それはラディーフそのものが、見る立場によって微妙ではあるが様々な意味を持ちうるからである。こうした意味上の「揺れ」のため、ラディーフについて定義というほどまとまった記述を見つけるのはなかなか難しいが、得てしてラディーフの概説的記述として見られるのは以下のとおりである。

柘植はラディーフについて「奏でられるべき旋律の骨格が、ここにひとつの理念形として記されている」「規範的な旋律の集合体」「実際の演奏（しばしば変奏や即興演奏）や作曲が依るべき基本形」と述べ（柘植　一九八九：二七二〜三）、またグーシェについては「完結した楽曲とか歌曲ではなく、一種の旋律型 melody type」「これを基に音楽が旋律的に展開されていく」としている（柘植　一九九八：二九）。

ホルモズ・ファルハートはラディーフを「ペルシャ伝統音楽のレパートリーを構成する小曲群の総体」「実際には明確に小曲と定義できない、即興演奏が依るべき melody models」（Farhāt 1965:21）とし、またエラ・ゾニスはグーシェについて「楽曲ではなく、ある意味で新たな小曲創作のための生成素材」「演奏者はそれを自らの即興の骨組みとして用いる」（Zonis 1973:46,62）と述べた。

グーシェの旋律がしばしば「flexible melodies」などと表現されるように（Talāī 2002:867 など）、これらの概説的記述には、ラディーフやグーシェを実際の音楽活動における「非固定性」をも視野に入れた形で記述しようとする姿勢が見て取れる。そしてそこからは、ラディーフやグーシェというものが、これまで大まかには「規範性」「モデル」といった概念で捉えられてきたことが判る。

確かにこの「規範性」という典型的とも言えるキーワードをもってすれば、ラディーフをめぐる「非固定性」は一応うまく説明し得たかのような印象を与えることができるだろう。そのまま用いられるわけではないが、実際の演奏を様々な局面でゆるやかに規定するラディーフ。その幅広い規定内容——それは特定の旋律やリズムという具体的なものであったり、また旋律の方向性や音楽的な雰囲気や情緒という感覚的なものであったりする――を一括して言い表すには格好の表現だろう。

しかしここで着目したいのは、この「規範性」「モデル」という概念が、「素材」「基本形」「骨格」というような、「実体」を前提としたキーワードと共に捉えられてきたことである。確かに特定の旋律やリズムといった具体的なものに対しては、こうしたキーワードは有効に働くかもしれない。しかし旋律の方向性、更には雰囲気や情緒という感覚的なレベルでの規範性までもが果たして同様のキーワードで捉えきれるのか。

ここで筆者には、現地のラディーフ伝承現場での経験が思い起こされる。そこではラディーフを習い始めて間もない学習者や、逆にラディーフを離れて自らの音楽を発露する段階へと至った学習者、更にはその間の緩やかな変化のプロセスにいる学習者達を、数多く間近で観察することが出来た。そこで痛感したのは、冒頭の例で述べたようにたとえイラン人であってもラディーフ経験の浅い学習者には、（明確なリズムや特定の旋律はともかくとして、）旋律の方向性や音楽の雰囲気や情緒などは、なかなか自分自身の言語としては表現できないということだった。冒頭で挙げたイラン人の弟子のように憶えたグーシェの旋律が頭から離れず、結局その旋律をなぞるような演奏に終始してしまう例が数多く見られたのである。

先行研究の示した「規範性」という言葉は、音楽を聴取するだけの立場からすれば確かにラディーフをめぐる「非固定性」理解について何らかのイメージを示してくれた。しかし上記の例から判るのは、その「規範性」の内実が、自らが音楽を構築する立場に立って見直してみると決して均質ではない、実は随分とその意味するところに幅のある曖昧なものだということである。つまりここで強調したいのは、「素材」「基本形」「骨格」等のキーワードはラディーフの「規範性」の一側面しか言い表していないのではないか、あるいはその一側面のみを強調する結果となってしまっているのではないか、ということである。旋律の方向性や音楽の雰囲気や情緒が、自分自身の言語として当初表現しづらく感じられているのは、それがこうしたキーワードでは把握し切れない別の種類の「規範性」だからではないのか。つまりひとくちに「規範性」と言っても、そこにはさまざまなレベルが多層的に存在しているはずであり、聴取する側からは見えにくい、演奏する側に立って初めてその理解が問われる別の「規範性」があるのではないか。この規範性の中身を具体的に明らかにしようとする視点が、本研究には欠かせないはずである。その解明こそがラディーフの持つ「非固定性」を説明する鍵となりえようし、更には規範性の中身を具体的に表すより適切な用語を契機として、ラディーフの再定義が試みられるだろう。

ラディーフが関わる段階によってさまざまな意味を持ちうるのは、その規範性の意味内容が一様ではないからに他ならない。そしてこうした意味上の幅というものは本来、それぞれの局面でのラディーフの受けとめられ方を段階的に追ってこそ実感できよう。そこで次節では、ラディーフの規範性がどの様に学習者に感じ取られてゆくのか、初めてのラディーフから複数のラディーフを学んでゆくその学習順にそって、「規範性」に幾つかの具体的な特性を見出すことを目標としながら実際のラディーフを例にとり記述してみることとする。つまり体系的な理解へと到達するプロセスに、より着目することとしたい。

3　「規範性」の様々なレベル

3―1　最初のラディーフ

本章の冒頭で述べたように、ラディーフの伝承はグーシェをひとつひとつ暗記してゆくことによってなされるが、それらグーシェはばらばらにではなく旋法別にまとまったものとして伝授されてゆく。そうすることで各グーシェの特徴は、個別にではなく属する旋法の情緒や雰囲気を支える一要素として学習者に理解されてゆくのである。ここでひとつめのラディーフの例として挙げる［譜例1〜7］は、ムーサー・マアルーフィ Mūsā-Maʿrufi（一八八九〜一九六五）伝承のタール用ラディーフより、セガー旋法に属するグーシェを幾つか時間的配列に従って並べたものである。

さて、ひとつめのラディーフとは学習者にとってどういった意味合いを持っているのだろうか。前述したような、ただひたすらグーシェをひとつひとつその順序と共に正確に暗記してゆくというラディーフの伝承状況をかんがみると、学習者はこの段階でグーシェの旋律の全てに「固定性」を見出していると言えるだろう。結果としてグーシェの名称は「ある固有の曲名」のようなものとして捉えられ、グーシェの順序についても単なる暗記対象という認識以外、特に注意が払われるわけではない。

［譜例 1］（注 3）ダルアーマド　darāmad（ミ・コロン）（注 4）

［譜例 2］ケレシュメ　kereshme

［譜例 3］ザーボル　zābol（ソ）

［譜例 4］ムーイェ　mūye（ソ〜シ♭）

［譜例 5］モハーレフ　mokhālef（ド）

[譜例 6] ケレシュメ　kereshme

[譜例 7] フルード　forūd（ド→ミ・コロン）（第 5 章の[譜例59]および同章注10を参照）

さてその後学習者が、二つめのラディーフを習得し始める段階において、ひとつ明らかになることがある。それは同じ名称のグーシェであっても、学習者にとっては全く異なった旋律が突如として示されるということである。では今度は同じセガー旋法から、マハムード・キャリミー Mahmūd-Karīmī（一九二七～一九八四）伝承の声楽用のラディーフも合わせて見てみよう（［譜例1-a…7-a］）。

譜例からも明らかなように、そこでは例えばダルアーマドというグーシェが［譜例1］と［譜例1-a］のマアルーフィとキャリミーではそれぞれ異なった旋律として示されていることが判るだろう。［譜例3、3-a］のザーボル、［譜例4、4-a］のムーイェ、以下モハーレフ、フルードも同様である。つまりグーシェの具体的な旋律は、唯一無二の形で存在するわけではなくラディーフ（の継承者）によって、または楽器によって様々な形で存在することを学習者はこの段階で具体的に知ることになる。また教授されるグーシェの数や順序にも、細部の異同が見られるのである。

これらの違いは音楽家ごと、あるいは流派ごとに生まれてくるものだが、つまりラディーフとは、ひとつの流派が伝承している具体的なグーシェ群の集大成を指すことがわかる。すなわちある流派における教典のような存在として、どういったグーシェがいかなる順序で、どのような旋律で含まれているのかという具体例の総体が、音楽家の名を付して、例えば「誰々（音楽家名）のラディーフ」という具合に呼ばれ、存在するのである。

3—2 二つめのラディーフ

このようにラディーフは音楽家の流派や系統を示す形で複数存在しているのだが、本章で二種類のラディーフを比較検討したように、現実には学習者はひとつのラディーフだけを習得するわけではない。筆者が師事していた師匠（注5）の教授法を例にとれば、学習者はまず師匠自身のラディーフを二種類、そしてさらにそのまた師匠にあたる人物のラディーフという計三種類のラディーフを習得する環境に身を置いていることになる。また知名度の高い、それも記譜出版されたラディーフほど、現実には系統や楽器の枠組みを越えて広く教授されているのが実態である。こうした幾つかのラディーフを学ぶ環境とは、先ほども触れたようにグーシェの具体的な旋律が、師匠（が伝承するラディーフ）によって、または楽器によって様々な形で存在することを具体的に知るきっかけとなるのだ。それはひとつのラディーフだけを習得していた頃に学習者がグーシェに見出していた「固定性」が、僅かながらも失われ始めることを意味しているのである。

しかしここで着目したいのは、こうしたラディーフ間の違いが示されながらも、学習者にとって徐々に意識されてゆくのはむしろその近似性だということである。言い換えれば、先行研究がラディーフやグーシェの定義中に示そうとしていた「規範性」が、おぼろげながらも感じられてくるのである。

規範性という観点から見れば、とりわけ［譜例2］や［譜例6］のケレシュメのような特定の旋律やリズムを持つグーシェは学習者の中で真っ先にその特性が認識されてゆく。これは先行研究が挙げた「素材」「基本形」「骨格」といったキーワードと共に捉えることの出来る規範性だと言えるだろう。しかしそれだけではなく、旋律の方向性や更にはグーシェの雰囲気や情緒という感覚的なレベルでの

[譜例 1－a]（注 6）ダルアーマド　darāmad（ミ・コロン）

[譜例 3－a]　ザーボル　zābol（ソ）

[譜例 4－a]　ムーイェ　mūye（ソ～シ♭）

規範性までもがやがて徐々に感じられてくるようになる。

ここで注目したいのは、そうしたある種おぼろげな規範性しか感じられないグーシェ群が、互いにある一定の時間的配列を組織しているということである。つまりここに示したふたつのラディーフには「ダルアーマド」から「ザーボル」そして「ムーイェ」「モハーレフ」「フルード」という一定の時間的配列を共に見て取ることが出来るのである。

つまりこの段階で、それまで異なるラディーフ間の（例えばダルアーマドならダルアーマド同士という）同じ名称のグーシェに対して向けられていた学習者の注意は、グーシェの時間的配列に対しても拡がりをみせることになる。やがてこれはグーシェの順序についての規範性への気付きを、学習者にもたらすことになる。

3―3　三つめのラディーフあるいは耳にする様々な伝統音楽

譜例に示した以外にも学習者は、様々なラディーフや実際の演奏を耳にするだろう。こうした聴取活動は学習者にとって大きく二つの作用をもたらす。ひとつは、同じ名称のグーシェの様々な例を見ることで、その音楽的変化の許容範囲を具体的に認識出来ること。もうひとつはそうした様々な音楽的ヴァリエーションの中でも保たれるグーシェの規範性とは一体なにかについて考えるきっかけである。そこで思い起こされるのが先ほどの「グーシェの時間的配列」に対する規範性なのである。ここにきて学習者の注意は確実にグーシェの時間的配列へとシフトし始める。そこでは、この時間的配列

［譜例５－ａ］モハーレフ　mokhālef（ド）

［譜例７－ａ］フルード　forūd（ド→ミ・コロン）

は先に挙げた二つのラディーフに限ったことではなく、何らかの必然性を帯びたものとして学習者にも予感されつつあるのである。

そうした意識でもってラディーフを見直すと、その予感を裏付ける更に別の事例が浮かび上がる。［譜例7、7-a］のフルードはともにドからミ・コロンへと核音が降下してゆく動きを持っている。その動きは［譜例7］のように他のグーシェにまたがりながらも達成される。すなわちフルードという名称によらなくとも（グーシェの名称に区切られなくとも）、グーシェの時間的進行構造は厳然たる規範として存在することを学習者は知るのである。これらの過程を経て学習者が獲得する、グーシェの時間的進行についての体系的な知識はおおむね以下の通りとなる。

イラン音楽の旋法は単なる音階として存在するのではなく、常に小旋律型あるいは小曲をいくつか内包した形で存在している。そういった小旋律型や小曲は既に述べた通りグーシェ gūshe と呼ばれており、それぞれ狭い音域内での固有の旋律やリズムなどの音楽的特徴を持つ。これらグーシェは、具体的には属する旋法内で音域が次第に上昇してゆくように時間的に配列される。そして最終的に旋法の最高音域に達すると、今度は急速に、ある一定の旋律型（フルード forūd 降下、の意）を経てもとの音域へと戻ってゆく。すなわちイラン音楽においてひとつの旋法とは、こうした時間的配列を組織する幾つかのグーシェの持つ、それぞれの音楽的特徴の集合体として表現されるのである。（注7）

さて複数のラディーフ習得により得られた、グーシェの時間的進行に対する理解は、「ラディーフは実際の演奏をどのように規定しているのか」という問いの中で一体いかなる意味を持つのだろうか。

4 「機能」としての規範性

前述したように、イラン音楽においてひとつの旋法が、属するグーシェそれぞれの音楽的特徴の集合体として表現される以上、特に前節で見たようなグーシェ、すなわち属する旋法の低音域から高音域へと、それぞれの核音を中心とした固有の音域的枠組みを時間的流れに沿いながら示してゆく動きを持つグーシェは、それぞれがひとつの旋法を構成する上で欠かせない、最低限必要なグーシェとしてその順序とともに学習者に認識される。(注8)

ここでいう音域的枠組みとは、核音などへの方向性をも内包した存在のことで、グーシェの進行上の「機能」のことである。そこでは、機能としての音域的枠組みは単独で認識されるものではなく、常に他のグーシェの音域的枠組みとの対比において理解され、存在しているものだということが判る。この視点を、実際に演奏する際の規範性に照らし合わせてみると、先行研究が指摘した規範性が、「素材」「基本形」「骨格」という用語によって定義されることで、いわば求心的な意味あいを強く持つ(連想させる)のに対し、前節で着目したグーシェの動きからは、グーシェの進行上の機能により、つまり他の音域のグーシェとの「拮抗関係」によりその動きがある種抑制されながら存在するという、いわば関係的とも呼べる規範性を見て取ることが出来るだろう。それはグーシェの機能面からもたらされた規範性だといえる。つまり「音域上昇」というグーシェの進行上の機能こそが、個々のグーシェの音の動きを規定しているのである。

確かに、筆者自身の演奏経験から言えば、あるひとつのグーシェを演奏する際には確かに前後のグーシェの特性、音域を無意識のうちに感じている。つまりザーボルを演奏する際には、その前後のグーシェであるダルアーマドとムーイェ（あるいはモハーレフ）の存在を意識下に感じている。それどころかフルードまでをも見越した、旋法全体という大きな視界のもとでひとつのグーシェは営まれているのである。そしてこの意識こそがザーボルというひとつのグーシェの演奏を規定する要因に他ならないのだ。

更に言えば、例えば［譜例2］や［譜例6］のケレシュメのようなグーシェは、そればかりを繰り返し聞くことによってその特徴が把握されてゆくのに対し、時間的進行の機能を持つグーシェは、他の音域を担うグーシェへの理解とあいまって相対的にその特性が理解されてゆくのである。グーシェが、常にその順序と共に記憶・習得されてゆく根源的な理由を、まさにここに見出すことができよう。グーシェの持つこうした規範性とは、いうならば「実体ではなく『機能』としての規範性」と呼ぶことができるだろう。それは、グーシェの進行についてのトータルな理解の上に初めて見出すことの出来る規範性なのである。

5　規範の「一例」としてのラディーフ

前節のとおり、グーシェの規範性をグーシェ進行上の「機能」から捉えるなら、その音楽がリズム的あるいは旋律的な意味での統一性を見せないことはなんら不思議でないことがわかる。つまりグーシェの進行上の機能さえ保持していれば、典型的な動きはあるにせよ、そこから離れることさえ出来るのである。ラディーフによる旋律の違い・多様性は、実はここに起因していたのである。これはラディーフをめぐる「非固定性」解明への直接的解答であり、またこのことからはラディーフに対するイラン人の視点をも読みとることが出来る。

つまりラディーフによる旋律上の差異は、グーシェの機能的側面に着目するイラン人の視点からは、もはや差異とは認められないのである（この点については第三章で詳しく考察を行なう）。例えばひとりの音楽家による、何通りもの異なる演奏が全て同じグーシェ名のもとでなされるのも、このメカニズムによるものである。そこでの違いはあくまで、「機能」としての規範性を遵守した枠内でのパラフレーズとしてあるのである。

このような認識のもとでは、ラディーフの楽譜は、書伝の持つ硬直性の面からネガティヴなニュアンスでもって語られることもない。もはや誰も記譜されたラディーフの「固定性」を額面通りに受け取ることはないからである。口伝教習における「固定性」、すなわち細部にわたってのラディーフの正確な記憶もまた同様である。つまり伝承という段階を終え、自らの音楽を具現化する局面においてラディーフは、教典のようなものでありながらあくまで「規範のひとつのサンプル」として捉えられるのである。さらにそうした視点は、ラディーフのみならず、耳にするイラン伝統音楽の全てに拡大されてゆく。

しかしよく考えてみれば、ラディーフを含めたそうした一例一例というものは、音楽家の個性が投影された結果としての存在であることに気付く。つまり当初ラディーフによる旋律の違い、多様性と表現されたものは、それぞれが音楽家の個性表明の結果として生じた差異だったのである。譜例に挙げたキャリミーのラディーフからは、マアルーフィのラディーフとは異なる、彼独自の音楽観をうかがい知ることが出来るのである。すなわちこれまで教典として絶対的な価値を持つかのように学習者に示されてきたラディーフとは、単に規範というよりは、実は個々の音楽家が内部に作り上げた「規範解釈の一例」だと徐々にその認識が改められてゆくものなのである。ラディーフが常に「誰々（音楽家名）のラディーフ」と呼ばれているように、ラディーフには必ず「個人」の概念がつきまとう。つまりラディーフは、それ自体が多重的な存在なのだ。ブルーノ・ネトルやハーフェズ・モディールはラディーフについて言及する際に「ヴァージョン version」という言葉を用いている（Nettl 1972 / Modir 1986）。「version」の持つ意味背景自体にはしっかりとした敷衍説明が必要だが、確かにそこにはラディーフが「解釈のひとつの例」であり、またそれが複数あるという含意を見て取ることが出来よう。

実際に学習者たちがラディーフを「規範解釈のひとつのサンプル」と捉えていることを示す好例がある。それはラディーフが、常にその解釈において評価の対象となっているという点である。ラディーフが一音楽家による「規範解釈の一例」であるなら、その解釈に対する評価が学習者の内部にも生起してくるのは当然だろう。実際、複数のラディーフを学んだことのある者は、個々のラディーフについて何らかの見解を持ち合わせており、ときには批判までをも展開することがある。しかしこうした評価行為は、他のラディーフをも含めた自らの音楽経験の総体に照らし合わせてこそ可能なものである。それは言い換えれば、既にその時点で学習者側にも、独自の規範解釈というものが音楽性発露の基盤として何らかの形で存在しつつあることを意味しているのだ。

6 「規範解釈の枠組み」「個人の音楽性の総体」としてのラディーフ

ここに来て次第に、ラディーフに基づく音楽習得の仕組みがおぼろげながらもその姿を現し始めてきた。冒頭の、「たくさんラディーフを弾けば、自然にわかる」との指摘通り、学習者はグーシェの『機能』としての規範性」に対する理解を契機としてラディーフをひとつの「規範解釈の一例」とみなし、その経験を内部に数多く蓄積させてきた。それはラディーフのみならず日常生活におけるあらゆる聴取活動の蓄積でもあった。その結果学習者の中には「規範解釈に対する枠組み」とでも称されるべきものが独自に形成されてきたはずである。この「枠組み」こそ、そこから音楽の具体例が導き出される、一個人が持つ音楽性の内実なのである。

「枠組み」という言葉からはすぐに「境界線」の概念が設定されようが、それは当人にとっても予め意識されているわけではない。それは個々の音楽の実例に対する美的な判断の際に初めて、その一端が意識されるのである。ひとりの音楽家が持つこの枠組みの全体図は、そこから発露される音楽からある程度は推察できるかもしれないが、完全に把握できるわけではない。ここで言う「枠組み」とは、一見確かなようでいてそんな柔軟で不可視的性格をも併せ持つもののことなのである。

先に述べたような、イラン人の弟子が「憶えたグーシェの旋律をなぞるような演奏」しか出来なかったのは、一歩引いてラディーフをあくまで「ひとつの規範解釈の例」と見るための「枠組み」が出来あがっていなかったからに他ならない。このことからは、先行研究がラディーフと実際の演奏との違いを説明するために用いた「ラディーフを変奏、展開させる」といった表現が、いかに表面的な記述であったかがわかるだろう。またグーシェの旋律を「基本形」「原型」という、あたかもそこから変化させねばならないかのような言葉で記述すること、「骨格」というような更にそこに肉付けが施されねばならないかのような表現もまた同様である。いかに現象面で直接的な繋がりが見出せようとも、実際の演奏があるラディーフの変奏や展開から導き出されるというような、一対一の対応関係を両者が持っているわけではない。したがって、そうした対応関係を連想させる用語でもって定義されるべきではないのである。また当初述べたような、ラディーフが記憶されたままの形で演奏されるわけではないことから生ずる、「ではラディーフは一体どのような形となって演奏されるのか。その変化に規則めいたものはあるのか」といったラディーフについての認識も、同様の対応関係を前提とした初心者特有のもので、当然後に修正されてゆくと言えるだろう。

つまりラディーフは、それ自体が共有され得る「規範」ではない。「規範」そのものが示されたことなどただの一度もないのである。示された、あるいは示し得るのは規範についての「解釈」なのであり、「規範」そのものはこうした解釈行為の中に、より普遍的なモデルとしてイラン人の中で共有され、またその具体化は「解釈の結果としての」ラディーフという形を通してのみなされるのである。

ラディーフという「規範解釈の例」の蓄積により形成される、学習者独自の、他人とは違う「規範解釈の枠組み」――そこに本当の意味での学習者の音楽性が感じられるなら、その「枠組み」はそこから紡ぎ出される音楽とともに、一人の音楽家の「ラディーフ」と呼ばれることであろう。つまりラディーフとは、記譜や演奏という形で外部に表出されたものを指すと同時に、それを生み出す母体となった内面の音楽性の総体に対する、ある種の敬意を含んだ表現としても存在しているのである。こうした、イラン伝統音楽において連綿と受け継がれてきた、先人達のラディーフから自らのラディーフを生み出すという不断の営み――それは、当初伝承材料として示されたラディーフそれ自体の持つ「規範解釈のひとつの例」という属性が、学習者をして新たなラディーフを生成させる要因として延々と作用し続けていることの証に他ならないのだ。

第二章　読譜行為を支える声のイメージ

1　はじめに

イランでは本来、他の西アジア諸国と同様、音楽の伝承にはもっぱら口頭伝承という方法を用いてきた。本書が対象としている、カージャール朝（一七九六〜一九二五）の頃より確立した芸術音楽の領域で言えば、グーシェと呼ばれる無数に存在する旋律型は、師匠の弾くグーシェの旋律を目の前で弟子がそのまま真似ることによって伝承されてきたのである。

しかし十九世紀の中頃より始まった西洋音楽の導入に伴い、現在のイランにおいては、口承或いはそれに準じた形態での音楽授受も一部実践されてはいるものの、基本的には五線譜が、それも唯一の記譜法として完全に定着するに至った。書店では五線譜化された様々なラディーフや教則本が市販されており、弟子達がそれを買い求めて「レッスン」へと臨むのは、もはや日常の風景だと言える。

とは言うものの、五線譜がこれほど広く人口に膾炙しているからといって、当然のことながらそれは五線譜がイラン音楽の諸要素を記録するのにもともと適していたということでは決してない。音高や音価の記譜に際して、後述するような様々な工夫を通して彼らは、五線譜との関わり方を独自に築き上げてきたのだ。

本章では、こうした五線譜とそれを取り巻く人々の営み――記譜するという行為やそれを読むという行為――の観察を通して、そうした営みを背後で支えているある普遍的な存在を明らかにすることを目的としつつ、最終的には、それが五線譜を取り扱う際のみならず、あらゆる音楽行為のバックグラウンドとして機能していることを例証する。

2　楽譜の存在を支えるもの

イランへの西洋音楽の導入は、カージャール朝時代にフランス人の軍楽顧問がイランに派遣され（一八六八年頃）、軍楽の訓練に携わったことに端を発する。もちろんイラン音楽が五線譜ですんなりと表記できたわけではなく、それ以来為されてきたイラン音楽の五線譜化の試みは、微分音や音価の表記など様々なレベルでの問題を常に伴うものであった。

まず微分音の表記について言えば、現在公刊されているイラン音楽の楽譜では、その表記は臨時記号であるコロン（koron（注1）約四分の一音下げる）とソリ（sori 約四分の一音上げる）の二種を使うことで統一されているが、これを考案したのはアリーナキー・ヴァズィーリー ʿAlīnaqī-Vazīrī（一八八七～一九七九）という人物である。ヴァズィーリーはタール奏者で一九二三年にテヘランにて高等音楽学校 Madrese-ye ʻĀlī-ye Mūsīqī を設立した人物である。彼はイラン音楽への素養もさることながら、フランスなどへの留学の経験から、西洋音楽の素養をも身に付けており、イラン音楽教育への西洋音楽的手法の導入に腐心していた。一九二一年に彼が著した『タール教本 Dastūr-e Tār』には、この二種類の臨時記号であるコロンとソリが初めて登場し、その後の微分音の最も一般的な表記法として定着していったのである。

しかし微分音のような音高の問題以上にデリケートな問題が更にある。それは音価の問題である。イラン音楽を聴いたものなら誰でも、その音楽が一定の拍子で計れず、あたかも漂うように流れていることに気付くだろう。こういった明確な拍の無い、自由な、あるいは伸縮自在とも評されるリズムはアーヴァーズ āvāz（注2）と呼ばれ、イラン音楽の特徴的要素の一角を成している。

しかしこうした、音価が明白でなく、伸縮自在であるところの音楽的要素は、音価を細かく規定する五線記譜法ではなかなかうまく表記しきれないことも事実である。そこでとられた工夫のひとつとして、アーヴァーズの楽譜には小節線が書き込まれていない（注3）。そうすることでアーヴァーズの、一定の拍子でもって区切れない特性をとりあえずは示そうとしているのだ。しかしこうした措置は、先の微分音表記にくらべて本質的な違いがある。それは微分音のように表記する側がある合意のもとに統一して示しているのではなく、むしろ読み手側の経験にその解釈が大きく委ねられているという点である。

実際、アーヴァーズの楽譜を読むものは、例えば通常の五線記譜法における、四分音符は八分音符ふたつ分に相当し、四分音符ふたつ分は二分音符に相当する、というような音価に対する基本的ともいえる約束事が、「四分音符は八分音符より長く、二分音符より短い」といった程度の意味しか持ち得ないことを了解している。長音符はその音価を超えてたっぷりと引き伸ばされる。これらは休符に関しても同様で、こういった長さや短さは、前後の音符との相対関係や、全体の文脈の中で捉えられるという風に、あらかじめ読み手側が情報を補うことが要請されているのだ。

思えば、イランに限らずアラブ世界に古くから存在していたアラビア文字譜においても、文字によって規定されていたのは音高のみで、音価については具体的な指示はされていなかった。そうした意味では五線譜においても、仮に音楽を記譜する側が、音価にどれほど深い意味を込めながら精緻に音楽を記譜したとしても、読み手側がそれらを厳密に読み取るというコンセンサスは未だ取れていないということになる。そしてこのことはイラン音楽が即興演奏をその大きな特徴としていて、伝承されたとおり（記譜されたとおり）に弾くわけではないこととも大いに関連しているように思われる。いずれにせよイラン音楽における音価の記譜の仕方は統一されているわけではなく、書き手側にさえ何らかの明確な合意が存在しているわけではない。

しかしそれでもなお、イラン音楽を知るものが楽譜からその音楽を読み取ることが可能なのは、記譜や読譜といった楽譜を巡る営みの中に、それらを支える何かがイラン音楽の普遍的要素として存在しているからに他ならない。言い換えれば、その何かの存在によって、記譜法の統一という意識がこれまであまり芽生えてこなかったとも言えるだろう。

［譜例 1］ A・サバー伝承のチャハール・バーグ　chahār bāgh (Sabā 1992 : 16)

もちろんイラン音楽に限らず、どのような楽譜であっても、それを扱う際には読み手側の音楽的経験が大きくものをいうことは自明である。ではその音楽的経験とはイラン音楽の場合どういった内実を持つものなのだろうか。ここで考えてみたいのが、このアーヴァーズにおいて歌われるペルシア古典詩である。元来イスラーム世界では音楽と詩とは不可分な存在であった。そしてペルシア古典詩の朗唱は、たとえペルシア語が判らなくとも、聞くものに強烈な印象を与える。それはペルシア古典詩の持つリズム的側面によるところが多いと考えられる。すなわちペルシア古典詩の韻律である。

3　ペルシア古典詩の韻律——イアンボス(短・長)・パターン

［譜例1］はアボルハサン・サバー Abolhasan- Sabā（一九〇二～五八）伝承のラディーフに収められているアブー・アター abū ʿatā 旋法のチャハール・バーグ chahār bāgh と呼ばれるグーシェである。このグーシェを聴けばすぐ、ある特徴的なリズムがそこに内在していることが判るだろう。そのリズムとは、「短-短-長-短-長」のリズムだが、楽

［譜例 2］ マハムード・キャリミー Mahmūd-Karīmī (1927〜1984) 伝承の
チャハール・バーグ chahār bāgh (Mas'ūdie 1995 : 44)

器に合わせて更に詩が歌われるのを聞くと、そのリズムは紛れもなくペルシア古典詩の韻律そのものであることに気付く。そしてさらに［譜例2］に示したような声楽用ラディーフでは、詩と音楽が一体化してその躍動感をさらに増すようすを聴きとることができる。

(ハーテフ・エスファハーニー作詞)

che shavad be chehre-ye zard- man nazarī barāye khodā konī
ke agar konī hame dard-e man be yekī nazāre davā konī

わが蒼ざめた顔に、もし汝が神の道にかけて、一瞥でもしてくれたら
そして、汝の一瞥はわが苦痛のすべてを癒すであろう

(柘植　一九九九：三十四)

この詩に用いられている韻律がいかなるものなのか以下に順に説明していくこととしよう。柘植によれば、ペルシア古典詩に用いられる韻律は二種類あり、ひとつは音節の数を問題とする、ペルシア古来の音数律（タクティーエ・ヘジャーイー taqtīʻ-e hejāʻī）で、もうひとつは音節に長短を認め、その組み合わせを問題とするアラブ古来の韻律、アルーズィー ʻarūzī である（注4）。またタクティーエ・ヘジャーイーに基づいた詩は主に有拍歌曲に用いられるが、前記のような無拍のアーヴァーズにおいて歌

［表1］

ペルシア語字母

	名称	音訳		名称	音訳
ا	(alef)	a, e, o, ā	ص	(sād)	s
ب	(be)	b	ض	(zād)	z
پ	(pe)	p	ط	(tā)	t
ت	(te)	t	ظ	(zā)	z
ث	(se)	s	ع	(‘ein)	‘a, ‘e, ‘o
ج	(jīm)	j	غ	(ghein)	gh
چ	(che)	ch	ف	(fe)	f
ح	(he)	h	ق	(qāf)	q
خ	(khe)	kh	ک	(kāf)	k
د	(dāl)	d	گ	(gāf)	g
ذ	(zāl)	z	ل	(lām)	l
ر	(re)	r	م	(mīm)	m
ز	(ze)	z	ن	(nūn)	n
ژ	(zhe)	zh	و	(vāv)	v, ū, ou
س	(sīn)	s	ه	(he)	h
ش	(shīn)	sh	ی	(ye)	y, ī, ei

われる詩の韻律は、主にアルーズィーに基づく（柘植　一九八五：六〇～六一）。［表1］（黒柳　一九九八：Ⅲ）に示したように、ペルシア語のアルファベットは全部で三十二文字あり、うち四文字（p, ch, zh, g）がペルシア語固有のもので、残りはアラビア語からの転用である。このアラビア文字の表記法は、アルーズィーを構成する長短の音節の生成基盤となるものである。以下に、柘植の論考（柘植　一九九〇：一四九～一五〇）を基として、ペルシア語における長・短音節の生成についての説明を試みてみよう。

① ペルシア語では「alef」以外の文字は、単独で用いられた場合全て子音となる（例 r）。これを harf-e sāken（静止した音、の意）と呼ぶ（alef は単独で短音節となる）。

② 次にこの harf-e sāken に短母音を付加したものが harf-e motaharrek（動く音）と呼ばれ、短音節となる（例 ta）。この短母音は原則として a, e, o の三種に限られ、ペルシア語上では表記されない。

③ 1　この短音節に更に harf-e sāken を加えたものが長音節を形成する（例 tan）。
2　harf-e sāken に長母音（ā, ī, ū）を加えたもの（例 tā）、あるいは二重母音（ei, ou）を加えたものも長音節を形成する。これらの長母音・二重母音は、短母音の場合とは異なりペルシア語上で表記され、また単独でも長音節を形成する。

④ 長音節に更に harf-e sāken を加えると、超長音節となる（例 tant）。これは実際の詩上では、行末以外は、語尾の子音（harf-e sāken）が、次の言葉に繋げるステップとして短音節的に扱われるこ

［表2］詩脚となる八種のリズム形

名　称	音　　節	唱　　歌
1　fa'ūlon	短・長・長	tanantan
2　fā'elon	長・短・長	tantanan
3　mafā'īlon	短・長・長・長	tanantantan
4　fā'elāton	長・短・長・長	tantanantan
5　mostaf'alon	長・長・短・長	tantantanan
6　maf'ūlāt	長・長・長・短	tantantant
7　motafā'elon	短・短・長・短・長	tananantanan
8　mafā'elaton	短・長・短・短・長	tanantananan

とがあり（半母音化 nīm fathe）、結果的に長＋短の音節となる。

場合によって長、短どちらにも扱いうる音節もあるが、見たとおり、ペルシア語における長短の音節の生成原則とは、母音の有無とその種類によるものであることが判る。そしてこれに則って出来あがった短音節、そしてその二倍の長さとされる長音節をもとに、［表2］に示すような八種のリズム形（注5）が出来あがる。これらのリズム形は詩脚（foot）に相当するものである。

これらのリズム形はアラビア語の fa'ala（する）という動詞の語形変化でもって1〜8の様に名付けられ、リズム的側面を強調した形で暗唱された。そしてこれらを単独で反復したりあるいは組み合わせたりすることによって、アルーズィーの中核を成すバハル（bahr 韻律 – meter）が完成する（注6）。このバハルは、八世紀のバスラの学者、アルハリール・イブン・アハマッド al-Khalīl Ibn

Ahmad（七一八〜七八六）によって体系付けられたとされ、その基本形は全部で十六種あった。これらはハリール自身によって五つの円形の表でもって表わされた（注7）。

ハリールの表によれば冒頭に挙げた詩の韻律は、短短長短長、すなわちモタファーエロンmotafā́elonの反復から成る「カーメル kāmel」と呼ばれるバハルであることが判る。勿論これらのバハルはサーレム（sālem 手付かずの、の意）と呼ばれるそのままの形で常に用いられる訳ではない。むしろこれに様々な変形を施したり、異なったパターン同士を組み合わせたりしたものの方が圧倒的に多く用いられるのである。

しかしここで考えてみたいのは、いかにこれらバハルが多種多様な形で存在しようとも、そこになんらかの韻律上の共通項を見出すことはできないのだろうかということである。ペルシア古典詩がアーヴァーズで歌われる際の、更には歌詞を伴わない、サントゥールやタールといった器楽でもってアーヴァーズが奏でられた際にも見て取れる、リズム上の潜在的共通項はないのだろうか。

先ほどの［譜例2］のキャリミーの例からも判るように学習者は、器楽だけが演奏されるよりも、古典詩が共に歌われることによって、アーヴァーズのリズムと詩の韻律とが密接に関連していることをより体感的に知ることになる。一方［譜例1］のサバーの例は、サントゥールという楽器用に編纂されたラディーフからであり、そこでは古典詩が終始歌われているわけではない。詩が歌われる以外の部分では基本的には器楽のみが演奏されることとなる。そこでは、楽器固有の語法があたかも詩の韻律から逃れるかのように自由な形で現れる。しかし大きな視点で見てみると、そうした楽器特有と

［譜例 3］ A・サバー伝承のマンスーリー mansūrī (Sabā 1993:37)
（∨は左手による打弦を示す）

［譜例 4］

［譜例 5］（∧は右手による打弦を示す）

思われた奏法や装飾法のなかにも、やはり詩の韻律そのままではないにせよ、詩が歌われる部分と相通じる潜在的なリズム上の要素を見て取ることができるのである。

［譜例3］はA・サバーのラディーフに収められているチャハールガー chahārgāh 旋法のマンスーリー mansūrī と呼ばれるグーシェである。ここでは詩はまだ歌われておらず、サントゥールによる器楽的パッセージが続いており、一段目の最後から「十六分音符～八分音符～十六分音符」というリズム形が、連続して奏される。ここで注目したいのはそのそれぞれが「右右左」という、右手が二回連続するばち使いが指定されているということである。これは一体何を意味するのか。

おおよそサントゥールも含めて打楽器の訓練というものは、非利き手の運動能力を利き手に限りなく近づけようと腐心する一方で、実際の音楽においては非利き手の弱さをも逆に利用した奏法が数多く見られる。私がここに挙げた事例で右手が二回連続している、つまり左手を最後の音に配置したのは、少なくとも左で弾かれた最後の音よりも、右で弾かれた前の二音に何らかの意図が込められているものと考えられるのである。

別の事例をあげよう。サントゥールは二本の撥（ばち）（mezrāb）でもって演奏する性質上、リーズ（rīz 細かい—トレモロ奏の意）を多用する。リーズをどういった音価の音符に、どのように施すかについては厳格な取り決めがある。ここで注目したいのはアーヴァーズにおいて頻繁に現れる、［譜例4］のようなフレーズである。

リーズは、楽譜上の付点八分音符以上の音価に対して施される決まりになっているため、ここでの付点八分音符はリーズで奏されることになる。と同時にリーズは、アーヴァーズのような無拍節においては必ず軽いアクセントでもって開始されることになっているため、［譜例4］は実際には［譜例5］のように鳴り響くことになる。

このフレーズを聴覚上での印象から捉えてみると、特徴的に響くのはやはり冒頭の二つの音であろう。そしてまたもやこれは右手の連続でもある。そして通常後に続くリーズはこのような場合、最初のA音の響きの中に集約されてしまう存在である。結果としてこのフレーズの核を成しているのは、またしても右の連打による冒頭の二音ということになる。

このふたつの事例からは、この冒頭の二音が短音符と長音符の組み合わせ、すなわち短長の音節であることがわかる。柘植の論考によれば、ペルシア古典詩の多種多様な韻律の中でも特に好んで用いられるのは、その冒頭にイアンボス（短・長）・パターンを持つものであるという（柘植　一九九〇：一六三）。そしてこのパターンは、他の韻律に見られるアナパイトス（短・短・長）・パターンやトロカイオス（長・短・長）・パターンの構成単位でもある。

勿論この三種のパターンはそれぞれに異なるものであるが、アーヴァーズという伸縮自在のリズムの中で見た場合、特徴的に聴こえるのは短音節から長音節に至る流れ、短音節の後に間（ま）をおかず長音節がくることによってもたらされるリズム感である。つまり何よりもイアンボス・パターンの存在が重要なのがわかる。そしてこのイアンボス・パターンこそが柘植が指摘するように、「無拍のアーヴァーズのリズム的テクスチュアの核」なのである（柘植　一九九〇：一六四）。ここで視点を、五線譜を取り巻く営みを支える音楽的経験とは何かという当初の問題に戻してみよう。

4 イメージ上で鳴り響くアーヴァーズ

前節に示したような、音楽とともに歌われる、ペルシア古典詩の韻律への感覚的な理解を推し進めてゆくと、音価に対しては「相対的にみる」しかなかった五線譜に、別の見方が立ち現われてくる。例えばイアンボス・パターンに則って、短音符はその前の音符から続けるのではなく、後続の長音符とワンセットとして捉えることで、旋律のまとまりや終止感はより際立った形で読み取ることが可能になってくるのだ。そしてこうした見方を獲得せしめているのは紛れもなく、声によるアーヴァーズの経験なのである。

アーヴァーズは注2で触れた通り、無拍のリズム様式を指すと共に歌・声楽の様式をも指し示す。そして現地ではむしろ両者の意味が不可分に用いられる場合のほうがはるかに多いのである。そうした認識のもとでは、楽譜上のあらゆる記号は、実際に歌われる言葉のニュアンスや語感、力の抜き具合といったものの表象としておのずと捉えられるようになってくる。それゆえ、いかに音価を中心とした記譜方法それ自体にばらつきや不十分な点があったとしても、楽譜に携わるものはそれに対して寛容なままでいられるのだ。そしてこのことから判るのは、もはやそうした思考のなかである楽器の楽譜が、必ずしもその楽器の音としてだけ鳴り響いているわけではないということである。それは筆者自身の体験から言えば、師匠の演奏するサントゥールを目の前にしながら、本当に聴いているのは必ずしもサントゥールの音だけではないというような感覚のことである。つまり現実に鳴り響くサントゥールの音の一方で、イメージ上では声によるアーヴァーズが鳴り響いているのである。

ここで思い起こすのは師匠の教えである。師匠はことあるごとに「アーヴァーズをよく聴け」と弟子達に繰り返していた。当初筆者の興味はサントゥールという楽器に限られたものであったため、師匠の言い付けをしっかりと守ることはなかったのだが、その後徐々に声によるアーヴァーズや、ネイ ney などの気鳴楽器、キャマンチェ kamānche という擦弦楽器などの演奏に対しても積極的に耳を傾けるようになった。そしてこうした変化と連動するかのように、先ほどの感覚、現実音とイメージ上の音との間の乖離現象が生じてきたのである。

もし楽譜というものが、特定の楽器だけを想定して書かれ、演奏に供されるものならば、こうした乖離現象は不自然かもしれない。しかし現実にイランの楽譜は、弾かれる楽器を表面上は特定していながらも、実際には楽器の枠組みを越えて読まれ、そして演奏されている。それはイランの人々が楽譜に携わる際に、あくまでその楽器の音だけをそこに想起しているのでなく、声によるアーヴァーズを普遍的要素として見出しているからではないのか。いま触れたような、現実に鳴り響く音楽の先にもうひとつ、イメージ上で声によるアーヴァーズが鳴り響いていることを考慮すると、イラン音楽における楽譜とは、現実に鳴り響く音だけを採譜しているように見えて実は、声によるアーヴァーズをも本質的には書き記しているのだということがわかってくる。そうすると、楽譜に小節線がないことや音価が相対的に解釈されることも、むしろ当然とみなすことができるだろう。なぜならアーヴァーズは古典詩の朗唱という発話行為の一種であり、そこでいう音楽の間（ま）やフレーズといったものは、呼吸をその基礎単位として営まれているのだから。

以上の考察の上に立てば、楽譜を巡るあらゆる営みは、そこに声によるアーヴァーズのイメージを喚起することで成り立っていることになる。それは器楽演奏そのものでさえ、声をその背景に持ちながら営まれていることを意味しているのである。まさにここに、イラン音楽にとってのアーヴァーズの位置付けを見て取ることができよう。イラン人にとって全ての音楽の基底に流れているもの、それがアーヴァーズなのだ。師匠の「アーヴァーズをよく聴け」という教えは、サントゥール演奏の背後にあるアーヴァーズを見出すことを意図していたのである。

あらゆる音楽行為に際してイラン人はそこにアーヴァーズのイメージを喚起する。そのイメージに少しでも近づこうとする試みの中に採譜や、逆に五線譜を解釈する行為、さらには器楽演奏といった様々な営みが横たわっている。つまり彼らの、音楽に対するこうした思考モデルは、五線譜を介した他の行為の中にさえにじみ出ているというべきなのである。

第三章　即興概念——即興モデルと対峙する演奏者の精神と記憶のあり方

1　問題の所在

これまでイランの伝統音楽——とりわけ、明確な拍を持たないアーヴァーズと呼ばれる部分——は、「即興で演奏される」という風に一般的に説明されてきた。確かにイランの音楽家たちは自らの演奏を「二度と同じようには弾けない」とか「何通りにでも弾ける」という風に形容し、あらかじめ作曲されたものを弾くのではない音楽創作のあり方をある種強調してきたと言える。

ブルーノ・ネトルが幾つかの即興論で論じているように（Nettl 1974,1998 など）、これまで即興というものは、作曲というものとの意識的或いは無意識的な対比のうちにその価値が計られてきた。その結果、即興というものは「演奏のその瞬間まで何も準備されていない」それゆえ「予測不可能なものである」という側面が強調されてきたと言えるだろう。この「予測不可能性 unpredictability」という言葉をよく考えてみるとそこには、即興というものが聴き手或いは演じ手にとって何か未知なものを生み出す装置である、そこでは人と違うもの、何か新しいものが生み出されるに違いないというニュアンスが、少なからず込められているように思える。そして上記のイラン人音楽家たちの「二度と同じようには弾けない」「何通りにでも弾ける」といった言説も、即興による自らの演奏が他人或いは過去の演奏とは違うもの、新しいものを生み出しているのだという主張に根底で通ずるものとして一般に理解されていると言えよう。

　しかし彼らの即興演奏を観察していると、客観的にみるところの同じ演奏を「違う」と称したり、逆に異なる演奏を「同じ」だと称する事態に頻繁に出くわす。本章の当面の目的は、こうしたイラン人の即興に対する認識がいかなる感覚に基づくものなのかを明らかにすることにある。そこで必要となるのは、即興演奏によって生み出されているのはそもそも本当に「新しい（人と違う）」ものなのか、もしそうだとすればそれは一体いかなる意味においてなのか、という根本からの問いである。

　即興演奏といえども、音楽家が全く無の状態から音楽を生み出しているわけではないことは自明だが、イラン音楽の場合、即興というパフォーマンスの基盤となるもの、ネトルのいうところの「モデル model」に相当するのは、ダストガー dastgāh と呼ばれる旋法体系である（注1）。このダストガーという体系には、まず音楽家の身体にいわば手癖の如く蓄積される伝統的な旋律型——ストックフレーズがあり、更にはそれらのストックフレーズが全体としていかに配列されるべきかといった、旋律型どうしの関係性についての約束事という、大きく二つの構成要素がある。しかしながらここでの目的はこのダストガーというモデルの内実を詳細に述べることではない。本研究の問題意識はむしろ、演こそある。より正確に言えば、そうした彼らの精神や記憶のどういったありようが、客観的にみるところの同じ演奏を「違う」とする、或いは異なる演奏を「同じ」だとする評価に結びついているのかを明らかにすることにある。こうした本研究の問題意識を先行研究との比較の中で述べてみよう。

従来の即興研究は大まかに言えば、まず即興のモデルとなるダストガーの内実の解明に、そして次に、実際の音楽家による、ダストガーに基づく即興演奏の実例を分析することに注がれてきた。つまり簡潔に言えば、ダストガーに含まれる「伝統的な旋律型」を、実際の音楽家が如何に料理し即興に用いたかということを主眼として行なわれてきた。そこでは当然のごとく、即興のもととされる「伝統的な旋律型」と「実際の即興演奏」とを比較するという手法が典型的に用いられることとなる。また手法とまで行かなくとも、そうした比較に基づく思考回路があらゆる場面で前提されるのである。すなわち先行研究は、即興（そして予測不可能性）というものを、音楽家個人の「創造性」の中で捉えようとしてきたと言えるだろう（注2）。「伝統的な旋律型」とはある固定的な「テクスト」のようなものであり、即興演奏とは、当のテクストを個人がその資質において操作することによってなされる、と認識してきたのである。

ここで考えてみたいのは、こうした認識がはたしてイランの即興の本質的な理解へとつながるものなのかということである。ここで筆者が「本質的な理解」と呼ぶのは、前述したような、なぜ彼らが客観的にみるところの同じ演奏を「違う」と称したり、異なる演奏を「同じ」だとするのかについての理解のことである。前述したようにこのことは、研究者が即興演奏を観察するなかで必ず直面する、即興についての彼らの認識を探る上で大変興味深い現象である。しかしながら上記の認識は、こうした「何をもって同じとするか・違うとするか」という問題点を看過している。それはなぜなのか。

即興の本質を音楽家個人の「創造性」の中で捉えようとする視点は、「自律した作者」とその作者が作り出す「閉じられた作品」をどこかに前提している。そこではそもそも、客観的にみるところの同じものを「違う」と称したり、逆に異なるものを「同じ」だと称するような心性は想定されていない。つまりそうした近代西洋的な「作者」「作品」概念のなかで上述の現象は、構造的に看過されてしまっているのである。ゆえに先行研究は、即興を巡る現象を音楽家側の精神や記憶のあり方というところから捉え直すというよりは、研究者側の前提から出発し、無意識のうちにそれを彼らの想定する枠組み内での「創造性」へと結び付けてしまうこととなる。そして結果としてこれまでに「何をもって同じとするか・違うとするか」という問いそのものが正面から取り上げられることもなかったのである。

このような問題は、決してイラン音楽研究の内部においてのみ、また対近代西洋といった枠組みにおいてのみ生じているわけではない。前述したようにネトルは、「モデル model」や「出発点 points of departure」といったタームを用いることによって（Nettl 2001:96)、世界の多様な音楽文化において即興を行なう音楽家が全く無の状態から音楽を生み出しているわけではなく、予め即興というパフォーマンスの基盤となるものを準備していることを指摘している。結果先行研究はこれまで、各音楽文化によって非常に多岐にわたる、これら「モデル」や「出発点」の内実の解明を研究の中心課題としてきたのである（Nettl 1974:11-17）。

しかしこのような「モデル」解明を中心として行なわれてきた即興研究には、あるひとつのパラダイムが存在してきた。それは、演奏者が「規則を守ろうとすること」と「自分の思うままに自由に弾こうとすること」とのバランスの中で即興演奏を行なっているというような認識である（Nettl 1998:16 など）。つまりそこでは、「モデル」や「出発点」は主に規則――「拘束性」の側面からのみ捉えられており、その拘束性の性質と表裏一体であるはずの自由のあり方――「任意性」自体の、各文化における質的な多様性については明確に議論されてこなかったのである。

本研究の真の目的は、世界の多様な即興概念の中で、演奏者にとってそもそも「自由」というものが拘束性と対置されるような概念としてあるのかどうかについて、イラン音楽を事例として再検討することにある。それは言い換えれば、これまで「拘束性」の側面からのみ多種多様なあり方が指摘されてきた各音楽文化の「モデル」研究に、その拘束性の性質と表裏一体であろう「任意性」自体の質的な議論を、「モデルと対峙する音楽家の精神や記憶のあり方」という観点から盛り込むことなのである。そこで本章では、ダストガーという即興モデルの内実に触れながら、そのモデルと対峙する音楽家の精神や記憶のあり方そのものを、研究者側の心性と対比させることによってその特性を際立たせながら記述するという方法をとりたい。そうすることで、音楽家の「同じ・違う」概念を支える感覚を徐々に明らかにしつつ、最終的にイラン音楽の即興概念の解明へと繋げてゆきたいと考えている。

2　ダストガー音楽の意味するところ

前述したとおり、イラン音楽にとって即興演奏の基盤となるのは、ダストガーと呼ばれる旋法体系である。ここではダストガーを概観する前にまず、「ダストガーに基づくこと」自体が音楽家にとってどのような意味を持っているのかについて考えておこう。

西洋芸術音楽における作曲と即興との間に見られるような価値観の対比を、「既にあるものをそのまま弾くか否か」という意味内容として捉えるならば、それと似たような組み合わせをイラン伝統音楽の中にも見出すことができる。それは「ラディーフ音楽 mūsīqi-ye radīfi」と「ダストガー音楽 mūsīqi-ye dastgāhi」という対比である。ここでラディーフと呼ばれるのは、音楽教授の現場で学習者に対して示される伝統的な旋律型の集成――より平たく言えば伝承材料のことである。それは一言一句にわたるまで学習者が必ず記憶しなければならないものであり、つまりそこで伝承される旋律型は、記譜されたものであろうが、或いは記譜されずに師匠が直接口頭で弟子へと伝えるという形態をとっていようが、固定的なものとしてあると言える。

しかし、そうして記憶した旋律型をもし実際の演奏現場でそのまま弾いてしまえば、それは人に「ラディーフ音楽」と呼ばれてしまうことになる。実はこの表現には、既にあるものをそのまま弾くことに対する否定的なニュアンスが込められている。その背景にあるのは、ラディーフを習得することの本来の目的が、伝統的な旋律型をただ機械的に数多く覚えることではないという点にある。つまりラディーフ習得の本来の目的とは、そうした暗記作業を通して旋律型それぞれの雰囲気や情緒を汲み取り、それらの「列」としての繋ぎ合わされ方からイラン音楽の緩急を学び取ることでその体系に通じ、そのことによって最終的に即興演奏を可能にするという点にあるのだ。

この、即興演奏を可能にする旋法体系というものこそがダストガーと呼ばれるもので、すなわち「ダストガー音楽」とは、師匠から学んだ旋律をそのまま繰り返すこととは対照的な行為、ラディーフを伝承するなかで、具体的な音響の基盤となっているダストガーを了解し、それに則った上で生み出される音楽のことなのである。「ラディーフ音楽（演奏）」という言葉がある種否定的なニュアンスをもって表現されるのは、それが「ダストガー音楽」へと至る前段階のものとして捉えられているからであり、「ダストガー音楽」という表現は、「ラディーフ音楽（演奏）」よりも一歩踏みこんで、伝承材料に内在するイラン音楽の旋法体系への了解の上で発露される、個人の音楽を指すものとして、意図的に選ばれた表現なのである（注3）。

ではこのダストガーとは一体、音楽家にとってどういった内実を持つものなのだろうか。学習者はラディーフという教材に触れる中で、どのようなダストガー像を形成してゆくのだろうか。では次に、このダストガーというモデルに含まれる具体的な要素を考えてゆきたい。

3 「ダストガー」モデルの内実

まずラディーフを暗記することによる直接的な効果としてあるのが、旋律型の具体例が、手癖のごとく学習者の身体にストックされるという点である。つまり実際の即興演奏においてつい思わず、無意識に出てしまうような音楽上の言葉使い・ボキャブラリがここで蓄積されるのである。これをここでは便宜上ストックフレーズと呼んでおこう。しかしラディーフ習得によってもたらされるのはそうしたストックフレーズのような実体を持つものだけではない。

ラディーフが「列」という意味を持つとおり、幾つもの旋律型が時間的な列上に連なる構造を持つことは第一章でも触れたが、ここではその配列の構造について、もう一度振り返っておくことにしよう。それは、主要な部分に関しては比較的狭い音域しか持たないそれぞれの旋律型が、おおまかには低音域を担う旋律型から高音域を担う旋律型へという時間的流れにそって演奏されてゆき、そして最終的に旋法の最高音域に達すると、今度は急速に、フルード（降下、の意）と呼ばれるある一定の旋律型を経てもとの音域へと戻ってゆく、という構造である（注4）。

こうした構造そのものが、師匠によって具体的に言及されることはまずない。しかし学習者は具体的な旋律型を数多く身体にストックしてゆくなかで、こうした旋律型どうしの関係性、すなわち演奏全体の構造というものに対しても徐々に気付きを得てゆくのである。そういう意味では、ラディーフ音楽からダストガー音楽への脱皮の第一歩となるのは、この旋律型どうしの関係性に対する気付きを得ることができるかどうかにかかっているとも言える。

このようにダストガーと呼ばれるモデルの中身とは、一つはストックフレーズ（旋律型の具体例の蓄積）であり、もう一つはストックフレーズがいかに配列されるべきか、全体としてどうオーガナイズされているのかという、旋律型間の関係性（演奏全体の構造）である、と大まかには言えるだろう。

さて、予め述べておいたように、ここまでの記述はダストガーというモデルそのものの説明にしかすぎない。つまり、このモデルと対峙する演奏者の精神がいかなるものであるのか、ということは全く別の次元の問題として考えなければならない。特にストックフレーズの運用についての認識のあり方は、彼ら独特の記憶のあり方といってもよいものであり、その理解には研究者側の根本的な意識変換というものが求められる。そこで次節からは、研究者側の心性と対比させつつ、ダストガーモデルと対峙する音楽家の精神や記憶のあり方そのものについて言及してゆきたい。

4　「テクスト文化」的精神と「声の文化」的精神

前節の記述のように「ダストガーというモデルにはストックフレーズが含まれる」等というと、すぐに研究者としては「そのフレーズが即興の際にはそのまま使われるのか、或いは多少なりとも改変が加えられるのか」というような視点をごく自然に抱いてしまうことだろう。しかし実はこうした視点自体が既に、イラン人音楽家のそれとは根本的な部分でかけ離れているということをここで述べて

［図1］旋律型間の関係性　Mahmūd-Karīmī（1927～1984）伝承のラディーフ（セガー旋法）より
譜例は左より順にそれぞれ（Mas'ūdie 1995: 127, 129, 130, 133, 134）から引用。

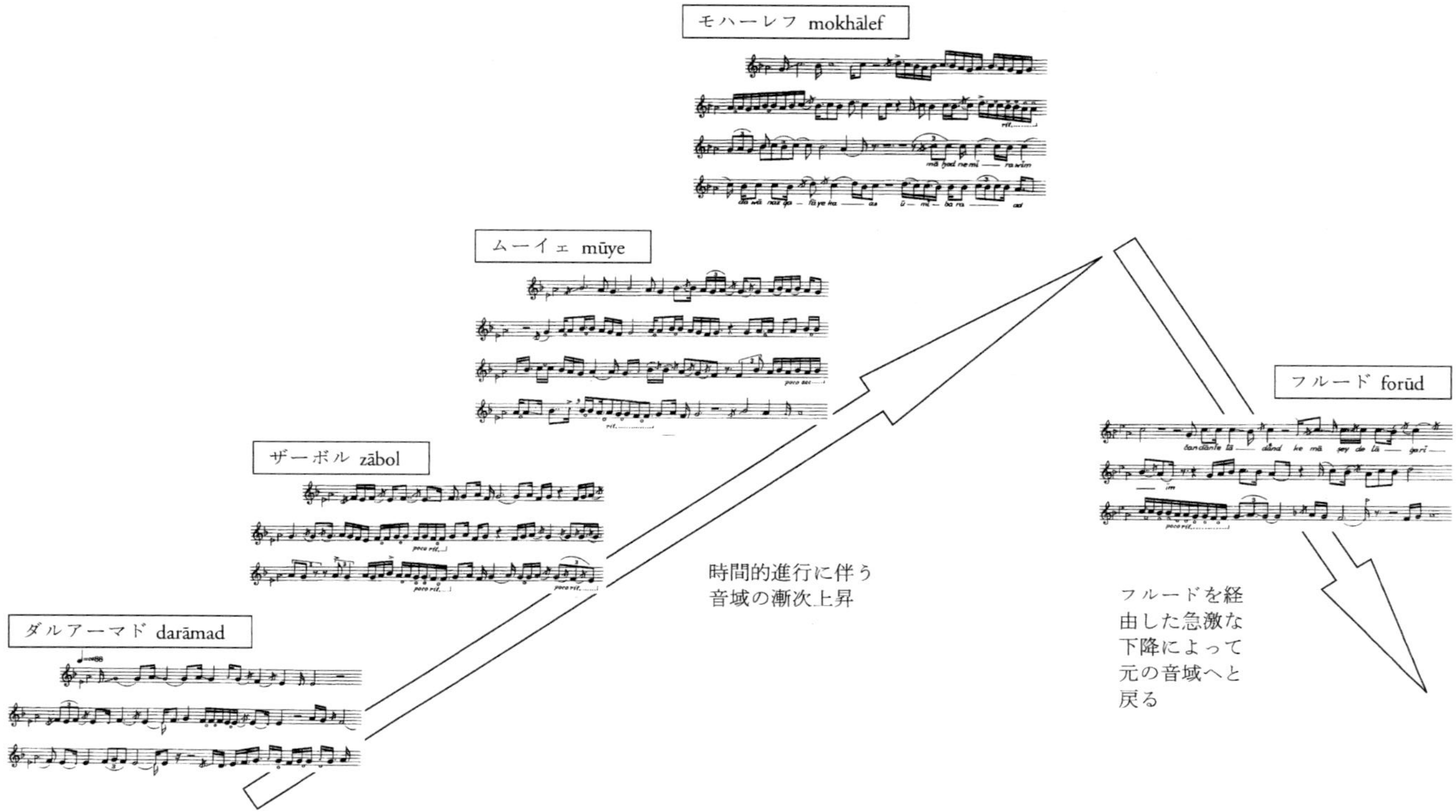

おきたい。ここで参考となるのは、ウォルター・オングが『声の文化と文字の文化』で示したような、「言葉がもっぱら消え行く声としてのみ機能している文化」と「その本来消え行くはずの言葉が書き留められ、視覚的に認識できることに深く影響されている文化」との間にある、心性の違いである。

前述したように、例えば我々は前掲の［図1］で示された楽譜を見ることによって、さらに言えばこれが即興のもとになるものだと考えることによって、どうしても即興ではこのフレーズがそのまま弾かれるのかどうかという視点をどこかに有してしまう。その根底には、書き留められたその楽譜に対し我々がなにかしらの固定性を見出している、ということが言えるだろう。そしてその固定性というのは、「即興というからには、ここで示されたもの以外を弾かなければならない」というような感覚に無意識のうちに通じている固定性のことなのである（それをここでは「テクスト文化」的精神と呼んでおこう。それは言い換えれば、前述したような「作者は自律しているもの」であり「その作品は閉じられているはず」というような感覚のことである）。

一方、この［図1］で示されるところの音楽を「聴く」ものにとっては、これらの旋律は音が鳴るその瞬間にしか存在せず、しかもそれはまず第一に、［図1］で示したような「旋律型間の関係性」を実現するためにあるもの、というふうに捉えられる。つまり彼らが即興を行なう際の感覚では、旋律そのものに対する逐語的な記憶はそもそも希薄であり、また何をどう弾いたかという具体的な記憶も、逐語的なかたちで残るわけではないのである（それをここでは「声の文化」的精神としておこう）。

もちろんイラン音楽に固定性が全くないのかというとそんなことはない。先ほど触れたストックフレーズはある程度の固定性を持って伝承されるものである。しかしそれは、誰もが即興演奏において使うことが出来るという属性を備えた固定性、すなわち「共有フレーズ」としての固定性なのである。テクスト文化に内在する固定性が、「それは既に誰かのものである――それゆえ、即興というからには、それ以外のものを弾かなければならない」という感覚にどこかで通じているのに対し、声の文化に内在する固定性は、それが共有物であり、誰のものでもないという感覚を備えているのである。すなわち同じ固定性と言っても、テクスト文化はそこに一種の、個人の「所有」の感覚を付与してしまうのに対し、声の文化においては、「共有」の感覚が付与されているのである。

5 「同じ」という感覚

このような、旋律に対する記憶に逐語的な側面が希薄なことや、ストックフレーズに「共有」の感覚が付与されているという彼らの感覚は、イラン音楽における同一性と差異性の問題を考察する上で非常に大きな手がかりを与えてくれる。［譜例1］から［譜例4］に示したのは、［図1］で示したストックフレーズのうち、左下のダルアーマドと呼ばれる旋律型の別バージョンを代表的な音楽家が伝承するラディーフから抜き出したものである。

これらの譜例を見てまず我々が感じることと言えば、同じダルアーマドという旋律がいかに多岐にわたっているかということだろう。しかし結論から言うと、イラン人音楽家の視点からは、これら四

[代表的なラディーフのセガー旋法より、ダルアーマド（に相当する旋律型）の例]

[譜例 1] Abolhasan-Sabā (1902～1958)　伝承のラディーフ（Sabā 1991: 11)

[譜例 2] Mirzā-Abdollāh (1845?～1918)　伝承のラディーフ（Talā'ī 1997: 160)

［譜例 3］ Mūsā-Ma'rūfi (1889〜1965) 伝承のラディーフ（Ma'rūfi 1995: 1）

［譜例 4］ Farāmarz-Pāyvar (1932〜) 伝承のラディーフ（Pāyvar 1988: 48）

種のフレーズの違いというものはそれほど意識されているわけではない。なぜなら一見多岐にわたっているように思えるこれらのダルアーマドの動きは、「リズム、旋律」への着目といういわば「求心的」な視点において多様なのであって、［図1］で示したような、旋律型間の構造や演奏全体の中での役割からみれば、どれも一様だからである。つまりこれらのフレーズはどれもが、ダルアーマドとして機能する一種の慣用句的・決まり文句的表現の幾つかの典型例として理解され、音楽家の間で等しく共有されているのである。そこにあるのは、［譜例1〜4］をそれぞれに違うものとみなす視点というよりは、どれもがダルアーマドの典型例として自由に使える共有物であり、それらは互いに交換可能（言い換え可能）なものであるという感覚なのである。

そしてこうした、どれも一様だという感覚を更に後押ししているのが、これらのストックフレーズひとつひとつが、今楽譜で「見る」ような形で逐語的かつ自律的に存在しているのではなく、実際に演奏によって一つの形が与えられるまでは浮遊するような形で漂っている（意識下にストックされている）「思い出」（Peabody 1975:216）のような記憶でしかないということである。彼らは、正確無比なテクスト的記憶に基づいて演奏しているわけではないのである（そういう意味では、ストックという表現がもたらす感覚と実際との齟齬についても議論が必要だろう）。つまり我々がそう感じたように、［譜例1］から［譜例4］の動きを「多様」にさせているのは、「見る」ことに基づく心性なのである。

実際の即興演奏を観察・分析（この行為自体が視覚的な側面を強く持っていると言えよう）すれば、そこに人それぞれの違いや、また同一人物による演奏ごとの違いというものは「客観的には」存在する。

しかしこうした、外部の人間から見て音響的に異なる二つの演奏というものは、そもそも演奏自体が「旋律型間の関係性」を実現するためにあるということ、そしてそうした営みの中では仮に大きな違いがあるように見えても、それらはどれもが同一の機能を果たす慣用句的・決まり文句的表現の典型の範疇にあるということ、そして最後に、違いそのものが「思い出」レベルの記憶の中ではかなりの割合で中和されるということ——こうした諸条件が重なることで、即興を振り返る演奏者にとっては「どの演奏もダストガーに基づいて音楽を生み出した」という感覚しか残らない——そういう意味で「同じ」演奏となるのである。

6 「他とは違う、自分のものである」という感覚

それでは逆に、彼らにとって他とは違う、自分のものであるという感覚は一体どのようなものなのだろうか。実はここでも、先に述べたような、共有フレーズの「誰のものでもない」という属性が非常に深く関わってくる。「誰のものでもない」ということは、「誰が使ってもよい」ということである。そして誰かがそれを使ったときは、そのフレーズを含む音楽は、そのフレーズを使うという選択を無意識であれその演奏者が行ない、鳴り響く音として具現させているという意味で、その音楽が鳴り響いている間は「演奏者のもの」なのである。もちろんそれは、ストックフレーズそのものを創り上げたという意味で「彼／彼女の音楽」であるわけでは当然ない。ここでいう「演奏者の音楽」とは、音

楽が鳴り響いている間は確かに「演奏者のもの」であり、演奏が終わってしまえば再び「誰もが使える共有財産」としての属性を取り戻す音（フレーズ）のことなのである（注5）。

このことから導き出される、彼らにとっての「違う」という感覚とは如何なるものなのか。それは、どんな即興演奏も、そのたびに個々人がダストガーという旋法体系（慣用句・決まり文句的性格を帯びた数々のフレーズ、およびフレーズ間の関係性についての約束事）に基づいて実際の音楽を導き出すという手続きを踏んでいる以上、それはイラン世界ではその都度演奏者にオリジナルなものとして捉えられる――そういう意味で、それぞれに「違う」のである。例えば実際にしばしばある例として、演奏者の感覚のなかでは、同じ演奏を繰り返して「私は一度として同じ演奏はしていない」と宣言することさえ出来る――こうした感覚こそが、筆者がイラン音楽の記憶のあり方としてもっとも主張したい「非回数的」な感覚なのである。

これまで中東地域の音楽を初めあらゆる即興の説明に多用されてきた「一回性」という表現――この言葉は本来、上述のように実際の音楽が導き出される「プロセス」に対して向けられたものだったはずである。しかしこの言葉が出来上がった「プロダクト」としての即興に適用され、一般に思い込まれてきたような「導き出された演奏は一回限りであり、別の機会には違うものとなる」という意味内容として捉えられるなら、それは極めてテクスト文化的な捉え方から来る誤解であると言わざるを得ない。既に述べたようにイランの音楽家たちには、即興をプロダクトとして「一回」とカウントすることの出来るような感覚、言い換えれば演奏をその都度物理的に留め置かれたものと想定し、前回と今回の演奏を比較するような視点は希薄なのである。つまりそもそもこのような、テクスト文化的な視点からは見えにくい、「プロセス」に対する「一回性」とは、いわば「非回数的」とでも呼べよう感覚なのである（注6）。実際に生み出された演奏がテクスト的にどうというよりも、ダストガーという旋法体系からその都度音楽を導き出すこと――この「手続き」こそが彼らにとっての「即興」なのである。

ここで言うような、「（瞬間的に）実際の音楽を導き出す」などという表現からは、ともすればそこに音楽家個人の天性や創造性などというものがまず優先的に見出されてしまいがちだが、前述したようにこれは「声の文化」の実態に即して言えば、往々にして共有フレーズからの単なる借用なのである。しかしここでいう「借用」とは、ネガティヴなニュアンスを持つものでは決してない。繰り返しになるが、共有フレーズが「誰のものでもない」世界においては、あるフレーズは借用したその瞬間にはもう演奏者のものなのである。より正確に言えば、少なくとも誰のものでもないだけに、そこには「借りる」という感覚さえないのである。そういう意味で、演奏直後の音楽家はともすると「私自身の瞬間のひらめきに基づいた音楽を奏でた」などと言いがちだが、それは決して近代西洋的（テクスト文化的）な意味での個人の創造性とは異なるものなのである。そもそも「声」に深く依存する文化において、慣用句や決まり文句というものは、語り手たちにとって誰か一人のものではなく広く社会に共有されているものである。そこで語り手たちは、表現や言い回しを微妙に「換え」つつも、実質的には同じ内容を繰り返し物語るのである。同様に、彼らの即興演奏とは、そうした「伝統的な旋律の定型」が「私有」されることなく幾通りにも繰り返し「言い換え」られることで成り立っているのである。つまりストックフレーズとは、それを担う人々の間で互いに「借用・転用・言い換え」し合う網の目の中に存在するものであり、こうした営みこそが彼らにとっての即興の実態なのである。

こうしてみてみると、彼らにとっての「同一性・差異性」の概念とは、共にダストガーから音楽を導き出すという共通の手続きをどう捉えるかにかかっていると言えよう。つまりそれは二者択一の関係というよりは、むしろ「同じでありながら違う」といったアンビヴァレントな感覚なのである。

7 声の文化におけるテクスト

さてここで改めて考えてみたいのは、こうした「声の文化」的特徴を持つイラン音楽が、テクストとして記譜されるということは一体いかなる意味を持つのかということである。その反応の一例としてここで挙げるのは、ムーサー・マアルーフィ Mūsā-Ma'rūfī（一八八九〜一九六五）伝承の記譜出版されたラディーフ（以下「ラディーフ本」とよぶ）と、それを巡る批判である。

ラディーフは［図1］に示したように、幾つもの旋律型の時間的な連続というかたちで記譜されるが、マアルーフィのラディーフ本の特徴は、同じ名称の旋律型の何通りもの演奏が、第一〜第六といった序数を付されて収録されているケースが数多く見受けられることである。結果マアルーフィのラディーフ本は他の音楽家伝承のラディーフ本に比べ、分量が膨大なものとなっている。例えば、［図

［図 2］Mirzā Abdollāh (1845?〜1918)　伝承のラディーフの目次（Talā'ī 1997）

دستگاه شور

2］に示したミルザー・アブドッラー伝承のラディーフ（シュール旋法）において旋律型の数は三四であるのに対し、［図3］に示したマアルーフィ伝承のラディーフ（シュール旋法）においては、その数は七〇にも上るのである。

そもそも「非回数的」な感覚の中で、人々の間で互いに「借用・転用・言い換え」られることで成り立つイラン音楽は、オングが「声の文化」に基づく思考と表現の特徴の一つとして指摘する通り、「冗長ないし多弁的」（オング　一九九一：八八）という側面を強く持つことになる。確かにイラン音楽の即興においては、マアルーフィのラディーフ本のように、例えばダルアーマドといった演奏全体の中での一部分でさえ、それが一人の音楽家によって何通りにも言い換えられることにより、必然的に演奏は「冗長ないし多弁的」なものとなる。つまりマアルーフィのラディーフ本は、そうした実際の即興演奏における「冗長・多弁性」を保持したまま記譜されたものと考えることが出来るだろう。

しかしこのラディーフ本に関しては、幾多の批判がなされている。例えば、セタール奏者ナスロッラー・ザッリンパンジェ Nasrollāh - Zarrinpanjeh（一九〇六～一九八一）は、マアルーフィのラディーフ本に対し手厳しい批判を展開したという（柘植　一九九七：五〇）。柘植元一によればその骨子は、「マアルーフィは先人のラディーフを忠実に伝承し再現したのではなく、マアルーフィ自身の創作を恣意的に追加している」というものであり、更には全六〇〇ページ余りという分厚さのこの楽譜を「けっして網羅的な採譜集ではなく、むしろ不純物で水増しされた見かけだおしの出版物」と評したという。

［図 3］ Mūsā-Ma'rūfī (1889～1965)　伝承のラディーフの目次（Ma'rūfī 1995）

دستگاه شور :

۱ – مقدمه
۲ – درآمد اول
۳ – درآمد دوم
٤ – درآمد سوم
٥ – درآمد چهارم
٦ – کرشمه
۷ – گوشه رهاب
۸ – کرشمه
۹ – درآمد پنجم
۱۰ – کرشمه
۱۱ – آواز
۱۲ – چهار مضراب
۱۳ – نغمه
۱٤ – حزین
۱٥ – زیرکش سلمك
۱٦–زیرکش‌سلمك‌قسم‌دیگر
۱۷ – زیرکش سلمك نوع دیگر
۱۸ – سلمك
۱۹ – سلمك قسم دیگر
۲۰ – ملانازی
۲۱ – ملانازی نوع دیگر
۲۲ – مقدمه گلریز
۲۳ – محمد صادقخانی
۲٤ – گلریز
۲٥ – صفا
۲٦ – چهار مضراب
۲۷ – گوشه ابوعطا
۲۸ – مقدمه بزرگ
۲۹ – مجلس افروز
۳۰ – مقدمه بزرگ
۳۱ – بزرگ
۳۲ – دوبیتی
۳۳ – خارا
۳٤ – قجر
۳٥ – حزین
۳٦ – ملانازی
۳۷ – پنجه‌کردی
۳۸ – عزال
۳۹ – چهارمضراب
٤۰ – شروع قسمت شوربالا
٤۱ – درآمد اول
٤۲ – درآمد دوم
٤۳ – درآمد سوم
٤٤ – آواز
٤٥ – گوشه‌گریلی
٤٦ – رضوی
٤۷ – قجر
٤۸ – شهناز
٤۹ – قرچه
٥۰ – قرچه نوع دیگر
٥۱ – قرچه قسم دیگر
٥۲ – عقده‌گشا
٥۳ – حسینی
٥٤ – فرود
٥٥ – مثنوی
٥٦ – بیات‌کرد
٥۷ – بیات‌کرد قسم دوم
٥۸ – بیات‌کرد قسم سوم
٥۹ – بیات‌کرد قسم چهارم
٦۰ – راح روح
٦۱ – مجلس افروز
٦۲ – بیات‌کرد قسمت پنجم
٦۳ – چهارمضراب
٦٤ – فرود شور
٦٥ – گریلی
٦٦ – گریلی شستی
٦۷ – گریلی‌شستی‌قسم دیگر
٦۸ – هشتری
٦۹ – ضرب اصول
۷۰ – شهرآشوب

しかし筆者は、「伝統を忠実に伝承するのではなく個人の創作を恣意的に追加した」というこの批判の本質的な意味は、即興演奏における冗長・多弁性を「記譜」した点にこそあると考えている。つまりその真意は、そうした冗長さがテクストとして書き残されることによって発生する、テクスト文化的なオリジナリティ、それがマアルーフィ個人のものとなることが批判されているのである。

前述したように、慣用句・決まり文句的な記憶のなかでは、ストックフレーズは「私有」されることなく、幾通りにも「借用・転用・言い換え」られる。つまりマアルーフィが付した第一〜第六にまで及ぶ演奏の差異は、実際の即興演奏においてはそうした「借用・転用・言い換え」の結果でしかなく、イラン人の視点からは本来意識されないはずのものである。だからこそ、マアルーフィがそのような違いをあえて序数まで付して書き残すことは、彼がそう意図していたかどうかは別としても、そうした「非回数的」な違いをまるで自らのオリジナリティに帰そうとするかのような行為となってしまうのである。つまりこの批判は、「非回数的」な感覚に基づくイラン音楽の冗長・多弁さという特徴を前提としながら、そこでの「フレーズの借用・転用・言い換え」に起因する「即興ごとの違い」——テクスト文化から見ればオリジナリティと解釈されかねない「違い」——が、イラン文化の中では決してマアルーフィ個人のものではないということを強く主張しているのである。

8 今後の即興研究にむけて——相対化されるテクスト文化的精神

以上の考察の上にたてば、即興演奏を語る際に用いる言葉の持つニュアンスについて、テクスト文化に属している我々は非常に慎重にならざるを得ないだろう。例えばネトルはダストガーに基づく演奏を、「既にある何かに形を与えた（giving a rendition of something that already exists）ひとつのヴァージョンの演奏であって、何かを素材として即興しているわけではない（performing a version of something, not improvising upon something）」とまで述べている（Nettl 1974:9）。つまり彼はヴァージョンという言葉を用いることで、イラン音楽におけるオリジナル概念が、先行研究が自明としてきたものとは異なることを表明しているのである。とはいえこのヴァージョンという言葉の持つ意味背景を彼は詳しく記述していない。そのために彼の他の記述においていわば不用意に用いられるcreateやownなどの言葉（注7）は、依然としてテクスト文化的な文脈において読まれてしまう可能性を孕んでいると言えるだろう。

すなわち、研究者がここで改めて問題としなければならないのは、createやownといった言葉が持つ自律的なニュアンスであり、またそのニュアンスを自明なものとしている自らの文化なのである。注2で引用したマーガレット・ケイトンを特に例に挙げれば、彼女は研究者としてまずchooseやchoiceという言葉を用いる上での心性がどのようなものなのか把握すべきだったのだ。つまり、「即興」というとまず個人の創造性（そして自律した個人の多様なあり方）に着目してしまうという自らの心性――テクスト文化の心性――を相対化すべきだったのである。

音を書きとめ、それを視覚的に認識するということは、音をそこに固定的なものとして閉じ込め、個人の「所有」の感覚を付与することを意味している。この感覚のもとで「即興」とは、既にあるものとは別の何か新しいものを生み出す行為でなければならなくなるのである。

そしてそのような行為が「全く個人の創造力による、瞬間のひらめきや直感のような説明できないかたちでなされるもの」と少しでも（そして安易に）理想化されるとき、実際の即興演奏のサンプルは必然的に大音楽家のそれとなる。そこでは、問題の大半は音楽家個人の創造性に棚上げされてしまい、結果即興に関わる記述は、「天才のなせる業」などと特定の音楽家を礼賛するなど、本質的に説明不可能な部分をよりクローズアップすることに帰結してしまうのである（注8）。

またこうした、即興の本質を説明不可能なものとする立場からすれば、既に存在するところのもの――伝承現場で示されるラディーフ――は逆に説明可能なもの、いつでも参照できる固定的なもののようにどうしても感じられてしまうだろう。つまりこの、即興の本質を説明不可能なものとする立場も、ストックフレーズとは音楽家の記憶の中に逐語的なものとして存在するのだという、テクスト文化的なものの見方を促しているのである。そこで我々は即興という行為のうちに、そうした既に存在するテクストに何かを付け加えたり、変更を施すというような操作――多分に視覚的な感覚を伴う操作 improvising upon something（Nettl 1974:9）――を無意識のうちに前提するのである（注9）。このように、ものを書きとめそれを視覚的に認識するということに基づく諸感覚は、書くことに基づかない感覚をもはや想像し難いものにしてしまっているのである。

以上のような省察作業を経て初めて我々はやっと、イラン人音楽家たちの即興演奏についての言説をもうまく把握することができるようになる。つまりよく言われるような「同じようには二度と弾けないて(という一回性)」や「無限のヴァリエーションを持つ」等といった、彼らの即興演奏についての言説をうまく把握することができるようになるのである。テクスト文化に無意識のうちに基づいた視点は、彼らの言明を額面どおりに受け取ったり、或いは深く考察の対象とはしてこなかった。しかしそうした彼らの言説自体を声の文化に特有の表現様式とみるなら、それが「非回数的」な感覚からもたらされている事が理解できるのだ。そしてその感覚こそが、違うと言いつつ実際には同じように弾いたり、また異なるヴァリエーションを同じだと称する彼らの行動につながっていることも理解できるのだ。そういう意味でイラン音楽はまさにパラフレーズなのである。音楽家の内面にあるのは、「その度に少しずつ異なった風に思い出される」思い出であって、正確無比なテクストではないのである。「彼はそれをいつも違ったふうに思い出す」(オング　一九九一:二九七)。我々がいかにも考えそうな、即興によって新しい美を創りだすというような類の喜びは、その後に位置していると考えるべきなのだ(注10)。

間奏　「語りの文化」としてのイラン音楽

さて、第三章において主に指摘したのは、即興の概念そのものが「テクスト文化」と「声の文化」とでは大きく異なっており、イランにおける即興という概念が、言葉が「書かれた文字」としてではなく「語られる声」として機能している文化の特質を、如実に反映しているということであった。

つまりそこではイラン世界が「声の文化」圏であるという前提の下に議論を展開していったわけだが、本「間奏」章では、より具体的にイラン世界が「声の文化」圏であることの例証を様々な側面から行なってゆきたい。そしてその上で、「語りの文化」における物語の特質やそれを支える記憶のあり方を再検討してゆきたいと思う。

(1) 「語りの文化」圏としてのイラン

我が国のペルシア文学研究の草分けの一人である岡田恵美子はかつて、米日中のイラン人役人に、あなたの国の誇りは何かと尋ねたときの様子を次のように記している。

即座に、我々の誇りは詩である、という答えが返ってきた……国王は？と問い返すと、国王は滅びることがある。しかし詩は決して滅びる事はないといって、得意のジェスチャーで一連の詩を誦してみせた（岡田　一九八一：二四七）

確かにたとえ短期間でもイラン人と実際に交流を持てば、詩とイラン人がいかに日常生活において幅広くそして深く結びついているかが判る。特にそれらの詩が文字として読まれるというよりは、むしろ詠われるためのものであることは注目に値する。実際、たとえ文字が読めなくとも、日本人からすれば大げさとも取れる身振りでもって幾つもの詩をそらんじることのできる労働者階級の人間はめずらしくない。テレビでもラジオでも古典詩の朗唱の番組は数多く存在するし、小学校から高校に至るまで詩の暗誦は必須科目でもある。

思い返してみれば、イランにおけるこうした「語り」の文化は枚挙に暇がないと言える。宗教行事について見るなら、まずはクルアーン（コーラン）の朗唱が筆頭に挙がるだろう。そもそもクルアーンとは、文字通りには「読誦されるべきもの」という意味を持つのであり、すなわちイスラーム世界において「聖なるもの」とは、書かれたテクストではなくまず何よりも「鳴り響く声」として出現するのである（注1）。驚くべきことはこうした朗唱が、たとえその言葉の意味内容が判らなくとも聴くものに強烈な印象を与えるということである。その「声」の持つ圧倒的な力は、たとえそれが粗悪な拡声器を通したものであろうと全く失われる事がない。

また宗教指導者たちの受難、殉教をテーマとした物語も音を伴いながら様々な機会を通して語られる。例えば「はじめに」で触れたアーシュラーと呼ばれる宗教儀礼では、声がその意味内容を伴って強く人々に訴えかける様子を観察することができる。ホセインとその一行がイラクのカルバラーで殉教するまでの悲劇を、ロウゼ・ハンと呼ばれる語り手は短い定型文を執拗に繰り返しながら物語ってゆく。そしてその定型文は語り手を取り巻く群衆たちによっても繰り返されることで相互に感情的な反応を徐々に作り出してゆく。結果そこでは老若男女の区別なしにおびただしい集団レベルでの号泣が巻き起こるのである。同様にタアズィエと呼ばれる受難劇、あるいはスィーネ・ザダンと呼ばれる、殉教したホセインの苦しみを体験するために自らの胸や肩を短い鎖の束や手で叩きながら行なう、いわゆる胸打ち行進においても語り手は重要な役割を担っている。

また大衆文化としては、ズールハーネと呼ばれる古式レスリングの道場で、儀式的体操に際しての英雄叙事詩朗唱の伝統がある。そこではフェルドウスィーの『王書』が、男たちのパフォーマンスと共に一定のリズムで延々と朗唱されるのである。そのリズム的側面、すなわち詩の韻律は、詩の意味内容と相まりつつ、聴くものを陶酔へと引き込むのである。

このように詩の朗唱という行為そのものは、音楽に限らず、イランの音文化全体を象徴するものとしてあらゆる場面に見られる。社会人類学者である大塚和夫がイスラームを「すぐれて『聴覚型』の宗教」と指摘したように（大塚　一九九五：一五五）、イスラーム文化圏においてはとりわけ人間の声によるパフォーマンスが非常に盛んであり、そうした文化は一言で言うなら「語りの文化」とでも呼

［写真1］スィーネ・ザダン（胸打ち行進）の様子（撮影：梨本博）

ぶことができるだろう。そこで次節ではまず、このような「語りの文化」に特有の「記憶とその運用のあり方」というものに焦点を絞り、それが一体どのような特質を持つものなのかについて考えてゆきたい。

(2) 「語りの文化」における記憶のありかた——慣用句的・決まり文句的表現の蓄積

このような問題を考えるにあたって、アーシュラーの事例は有効な視点をもたらしてくれる。この、アーシュラーと呼ばれる宗教儀礼では、ロウゼ・ハンと呼ばれる語り手が、ホセインとその一行がイラクのカルバラーで殉教するまでの悲劇を物語ってゆく。この物語は、預言者モハンマドの後継者をめぐって当時からの支配勢力スンナ派と袂を分かつことになったシーア派の、少数派としての長い迫害の歴史の原点とされる悲劇である。

このロウゼ・ハンの語り方の観察を続けてゆくと、ある特徴的なことに気づく。それは、いくつもの比較的短い定型文が、何度も繰り返されながらホセインの殉教が物語られてゆくということである。[譜例1]で示したのは「Bi pesar shod Fātema: ファーティマは息子を失った」という定型文が繰り返されている様子である。こうした定型文は譜例からも判るように、類似の旋律・リズムパターンでもって繰り返される。それは語り手のみならず語り手を取り巻く群衆たちによっても繰り返される。そうすることで、相互に感情的な反応を徐々に作り出しながら物語が進行してゆくのである。そしてその過程においては、物語の悲劇性を象徴するようないくつかのエピソードが必ず定番として語られ

［譜例 1］（Blum 1978: 84）

る。そうしたエピソードを含む物語のあらすじは以下の通りである。

カルバラーの悲劇のあらすじ

ウマイヤ朝の創始者ムアーウィアが死去したとき、ホセインの父アリーの殉教地クーファ（現イラクのユーフラテス川に近いところ、現在は消滅）の住民が、この機会にウマイヤ朝の支配から抜け出そうと、メッカにいたホセインにこの地に来ることを要請する。ところが、住民たちは、彼とその一行が到着する前に、生身の人間の弱さから、体制側に寝返ってしまう。一行は、ムアーウィヤの後を継いだヤズィードの命令によって、進路を遮断され、一滴の水とてない荒野の真ん中に、大軍に包囲されたまま露営することを余儀なくされる。荒野の名前はカルバラー、イスラーム太陰暦六一年モハッラム（一）月二日、西暦六八〇年の十月初めのことである。

全員が渇きに苦しむ。ホセインの異母兄弟で一番の勇士アッバースが、やっとのことで包囲を破って、ユーフラテス川にたどり着き、あまりの渇きに思わず一口飲もうとするが、荒野に待つ一行のことを考えて口に入れない。革袋に水を満たす。敵が革袋を持つ右手を切り落とす。アッバースは左手に革袋を手繰り寄せる、左手が切り落とされる。革袋を口にくわえて馳せ戻ろうとする。矢が革袋を射抜く。水が荒野にしたたり、砂ぼこりが上がる。これを見て、さしも剛勇のアッバースも、どうっと落馬して絶命する。彼は、サッカーハーネ（信仰対象でもある、公共の水飲み場）の守護聖人となっていて、特に女性に人気がある。このような、信者の血涙を絞らせるエピソードを織り混ぜながら、いよいよ運命の日アーシューラー（十日）が近づいてくる。最後の日、ホセインに残された手勢はわずか総数七二人。聖なる数五と七を足したものが十二、その倍数の七二も聖なる数である。一行の男子は、ただ一人を除いて、すべて荒野を血で染めて落命する。まだ乳飲み子の末子アリー・アスガルも、ホセインが腕で差し上げて、「せめてこの赤子にだけは一口の水を」と敵軍に哀願中に、矢がその首を射抜く。渇きで声も出せない乳飲み子は、最後の力を振り絞って、父親にほほ笑んでから息絶える。最後に残ったホセインは、その首を切り落とされ、死体は軍馬の蹄に蹂躙され、荒野に葬る人もないままに放棄された。生き残った女性たちは、ベールをはぎとられて、晒し者にされたまま、その首級とともに、ダマスクスのヤズィードのもとに連行された。悪の権化、王座のヤズィードはその首を金の鞭で打ち、あざ笑ったという。（上岡　一九九九：一四〇〜一）

ここで着目したいのは、こうしたエピソードを含む物語全体が必ずしも筋道だったかたちで論理的に述べられるわけではないということである。先に述べたような定型文というものが累積的に、そして繰り返されながら述べられることで、右の引用のような「状況・設定」を断片的に構成してゆくのである。つまりこれらの定型文そのものは、後述する「推理小説」に見られるような「話の展開のなかで重要な役割を担う――然るべきタイミングでそこになければならない」ものではなく、ホセインの一行に起きた一連の出来事を想起させるきっかけとしての機能を持つ「断片」でしかないのである。

それはこの物語自体が、シーア派ならば誰もが知っているものであり、語り手が臨機応変にその時々の政況や時事的な内容をはさみ脚色することはあっても、話の大筋は聞き手を含めた集団の中でもともと了解されているためである。そうした状況のなかでは、これらの定型文そのものが、この物語を初めて聞く人間がその理解のために要するような論理性・構築的な視点を備えている必要がないと言えるのだ。また、そもそも厳密な時間軸に沿って語らねばならないような性質を持つものでもないのだ。そこで必要とされているのは、ただ物語の大筋（状況・設定）に沿うなかで、個々のイベントを聞き手に想起させ、その感情的な反応を語り手をも含めた集団レベルで引き起こすという機能なのである。

ここで、ウォルター・オングが『声の文化と文字の文化』において様々に指摘した、「言葉が声として機能している文化」と「書く事に深く影響されてきた文化」との違い――それを考慮すると、この悲劇の持つこうした数々の性質こそ、まさしく彼が言うところの「声の文化」的特質であることが明らかとなってくる。

オングによれば、思考過程に文字（書くこと）が介入するかどうかによって、生み出される表現様式には構造上の大きな差異が見られるという。彼によれば、文字の使用（書くこと）による産物の最たるものは推理小説のような構造を持つ筋書きであるという（オング　一九九一：三〇四）。周知の通り推理小説は　物語内部の様々な要因が、論理的展開によって最終的にある種の解決へと導かれる物語のことであり、そうした複雑な操作を可能にしているのは、文字の使用――「書く」ということに基づく精神なのである。つまり「作者」は、文字の使用──「書く」ということに基づく思考のなかでこそ様々な要素を（視覚的に）操作し、こうした複雑なプロット（筋・構想）を意識的に作り出すことができるのである。そしてそのような「意識的に何かを作り出す」営みによってこそ、書き手は「作者」たり得るのである。

しかし「書くこと」に基づかない思考は、なかなかそのような操作を行なうことが出来ない。代わりに、口頭によって語り継がれる物語は、記憶しやすい「慣用句・決まり文句の蓄積」という性質を帯びやすくなるのである（同書：七六―八二）。確かに、前述したアーシュラーには「推理小説のような厳密な順序によって、ある一本の論理的道筋を展開する」というような構造はみられない。そこにあるのは、ただ「殉教」というシンプルな設定のなかでその悲劇性を象徴する、「慣用句・決まり文句」から成るエピソードが、互いに順不同なかたちで寄せ集められている──ばらばらの「断片」なのである。

「声の文化」に特有な物語のあり方とは、複雑に展開するような筋道のない、挿話の寄せ集めのようなものだとオングが指摘するように、そもそもこのホセインの殉教という物語自体が、論理的・構築的に語らなければ理解できないような筋を持つわけではないのだ。彼の指摘に従えば、ホセインの殉教の物語は、まさに定型文の寄せ集めのようなものであり、それは聞き手がいつでも語りの途中からでも参加でき、その悲劇に感情移入することを可能にするものなのである。「あらすじ」といってもそれは、「ストーリー展開」のように予め存在しているものというよりは、挿話を積み重ねてゆくという構造によって浮き上がってくる「状況・設定」にむしろ近いものなのである。

オングが「声の文化」における記憶のあり方として指摘する「決まり文句的・慣用句的な記憶」は、当然記憶のし易さとも密接に関連しているはずだが、更に言えば、それはまさにアーシュラーの語り手たちがこの殉教の物語を定型文の蓄積というかたちで物語ることとも一致するのではないだろうか。つまり彼らの記憶とは、ある物語を筋道に沿って論理的に語ることができるというような、逐語的なものではない。語り手たちは、ホセインの殉教というストーリーを、慣用句的・決まり文句的表現の蓄積として記憶し語っているのである。

(3) 私有されない、「共有財産」としてのフレーズ

こうした彼らの記憶システムから、イラン音楽の即興演奏を考えてみた場合、両者に共通するある精神構造というものが浮き彫りになってくる。つまり音楽家たちが習得する「伝統的な旋律型」とは、アーシュラーの語り手たちが記憶する慣用句的・決まり文句的表現に相当するもの、いわば「典型的フレーズ」のようなものとして実際の即興演奏の中で機能しているのである。だからこそ彼らの音楽学習は、第一章でみたようにまずラディーフの習得——典型的フレーズの記憶の蓄積——というかたちを採るのである。そしてホセインの殉教を伝える慣用句的・決まり文句的表現というものが語り手たちにとって誰かひとりのものだけではないのと同様に、即興演奏においてもそうした典型的フレーズとは、他の演奏からの借用・転用・言い換えがごく当たり前な、いわば「共有財産」として機能す

るのである。

それにも関わらず第三章でみたように、先行研究が「ラディーフと実際の即興演奏との比較」という一対一の図式を無意識に設定してしまうのは、そこに「書くこと（五線譜化）」によってもたらされた「フレーズの私有」という概念があるためである。つまり「即興演奏とはプロダクトの観点から何かオリジナルなものでなければならない」という、それ自体がテクスト文化の影響たる考え――それこそが、ラディーフというテクストに何かを付け加えたり、あるいは変更を施したものがすなわち「オリジナルな」即興であるというような感覚を無意識のうちに生じさせているのである。その結果、研究者は「ラディーフ」と「実際の即興演奏（それも大音楽家の）」とをそれぞれ対象化し、その対比・比較を行なってしまうこととなる。言い換えれば、ある特定の音楽を別の音楽の一変種として捉え、その差異のなかに「個性」をどうしても見出そうとしてしまうのである。

このように「書くこと（五線譜化）」とは、フレーズの私有を生み出したと同時に、書くことを知らない文化――すなわち「私有されないフレーズ」という感覚を想像し難いものにしてしまっているのである。ロウゼ・ハンと呼ばれる語り手たちが、短い定型文を微妙に言い換えつつも、実質的には同じ内容を繰り返し物語ってゆくのと同様に、彼らの即興演奏とは、そうした「伝統的な旋律の定型」が「私有」されることなく幾通りにも繰り返し「言い換え」られることで成り立っているのである。

こうしてみるとイランにおける「語りの文化」と音楽――とりわけ即興演奏――とは、その精神構造・記憶システムにおいて密接に重なり合っていることがわかる。こうした言葉の運用の仕方は、当事者たちの視点からはおよそ意識されることはないまま、音楽文化をもその裏でしっかりと支え、特徴付けているのである。

さてここにきて私たちは、次の段階へと考察を進めるための新たな問いに直面する。それは、いわばパラフレーズの集積とも言うべきイラン音楽をひとつのものとしてまとめあげているのは一体何なのかという問いである。すなわちイラン音楽においては、どういった構造がカルバラーの悲劇の「物語の筋」に相当しているのだろうか。そこで第四章では、イラン音楽における「物語の筋とそれを構成する慣用句・決まり文句」に相当する両者の関係性をより具体的に見てゆくこととしよう。

第四章　チャルフ——演奏形式と楽曲構造にみる「廻り」のパラダイム

はじめに

イラン文化を考えていく上で重要な概念のひとつにチャルフ charkh という言葉がある。チャルフとはペルシア語でまず車輪を意味しひいては天・運命を意味する言葉である。このことはイラン文化において天や運命が「廻る」ものとして捉えられていることを意味している。確かにイラン人の人生観は、「廻る天輪 charkh-e gardān」にもしばしば例えられる。

この世はむなしい。天は我々に生命をさずけ、またとり上げるが、それは気まぐれな天の戯れにすぎない。廻る天輪に弄ばれる我々は、この世という仮の宿に、一夜の夢を結ぶ旅人なのだ。
(岡田 一九八一：一四四)

このように、チャルフという概念はこれまで、特にペルシア古典詩の研究において、イラン人の人生観を探るための重要な手掛かりとして用いられてきた。しかしこうしたチャルフの概念は、古典詩の研究のみならずイラン学の様々な分野にも応用が可能であると思われる。例えばこのチャルフの概念は、人生観とまでいかなくとも、ただ「廻る」というだけの意味合いにおいてさえ、イラン音楽を考える上で非常に示唆的なものとなる。そこで本章では、イラン音楽の演奏形式や楽曲構造に、いかにチャルフ的な構造が反映されているのか、またそのチャルフ的構造がひとつの演奏内に様々な規模で多層的に存在しつついかに相互に絡み合っているかを例示し、イラン音楽においてこのチャルフが持つ意味を考えてみたい。

1　イラン建築のチャルフ

イランの中央部にエスファハンという、かつてサファヴィー朝（一五〇一～一七二二年）が首都としていた都市がある。そこにはイマーム広場という、周囲を多数の歴史的建造物に囲まれた広場がある（［写真1］参照）。一五八八年に即位したシャー・アッバース一世はこの地を一五九七年に首都とし、ナクシェ・ジャハンと呼ばれていた広場の周りに多数の歴史的建造物を建てた。広場に面するようにそれらの建造物が建てられて以来、すなわちゲイサリイェ（正門）、アリガプ宮殿、イマームモスク、シェイフ・ロトフォッラーモスクが建てられて以来、そこはイマーム広場とも呼ばれるようになり現在ではイラン人のみならず、海外からの観光客にも広く名を知られる場所となっている。

二〇〇三年六月二三日付けの「イラン」紙の記事に、ナクシェ・ジャハン（イマーム広場）についての次のような記載が見られる。

> 我々にイラン建築学を教えていた故モハンマド・キャリーム・ピールニアー師はかつて次のように言っていたものだ。――イラン音楽を知っているものならよく判るだろう。ちょうどゲイサリイェ（正門）のところから（広場に）入ると、それはあたかも頭の中でシュール旋法が鳴り響いているかのようである。正面のアーチ（円天井）では、シュール（旋法）の単調で静かなダルアーマドが現れ、それはその後、アリガプ（宮殿）ではシャハナーズとなり、イマームモスクではサルマック、後のシェイフ・ロトフォッラーモスクでは美しさの極みであるズィールアフキャン、そこからフルードへと至りダルアーマドへと戻る。（同様に）広場もまたゲイサリイェ（正門）へと（戻る）。つまりそれ（広場）自体がひとつの魅惑的な音楽なのだ――と。（Jihāni 2003:9 括弧内の記載と傍点は引用者による）（注1）

イラン音楽の知識がなければ、仮にイラン人であってもこうした例えがどれほど実感を持って捉えられているかは疑わしいだろう。しかしこの言明からは少なくとも、広場の周囲の建物を三六〇度見回すことによって得られる景観――すなわちゲイサリイェ（正門）の円天井に始まり、アリガプ宮殿、イマームモスク、シェイフ・ロトフォッラーモスクを経て再びゲイサリイェ（正門）へと戻るという

[写真 1] イマーム広場の全景（イラン大使館　1994: 95）(注 2)

景観——が、イラン音楽の魅力になぞらえられていることがわかる。

こうした例えが成立するためには、ある場所を起点として周囲を三六〇度見回しまたもとの位置へと戻るというチャルフ的な構造が、音楽の形式内にも存在するということが話し手によって前提されていなければならない。つまりこの記述は、引用文中に傍点で示した旋律型の動き——すなわちダルアーマドから始まり、シャハナーズ、サルマック、ズィールアフキャン、そしてフルードを経て再びダルアーマドという出発点へと戻るという構造——が、チャルフ的なものであるという、ひとりのイラン人の認識を示しているのである。

それでは、音楽の形式におけるこうしたチャルフ的構造とは一体どのようなものなのだろうか。そこで次に、実際に市販されている録音をもとに、音楽の形式におけるチャルフ的構造を浮き彫りにしてみよう。

2 イラン音楽のチャルフ的構造

［図1］に記したのは、イランで市販されている、シュール旋法の演奏を収めたテープから、演奏内容としてライナーノーツに記載されているものを、レイアウトをほとんど変えずにそのまま書き出したものである(注3)。ここでは三人の音楽家の演奏例を挙げた。

図からも明らかな通りここでは、シュール旋法というひとつの旋法の演奏プログラムとして、一〇

[図 1] 三人の演奏家によるシュール旋法の演奏例

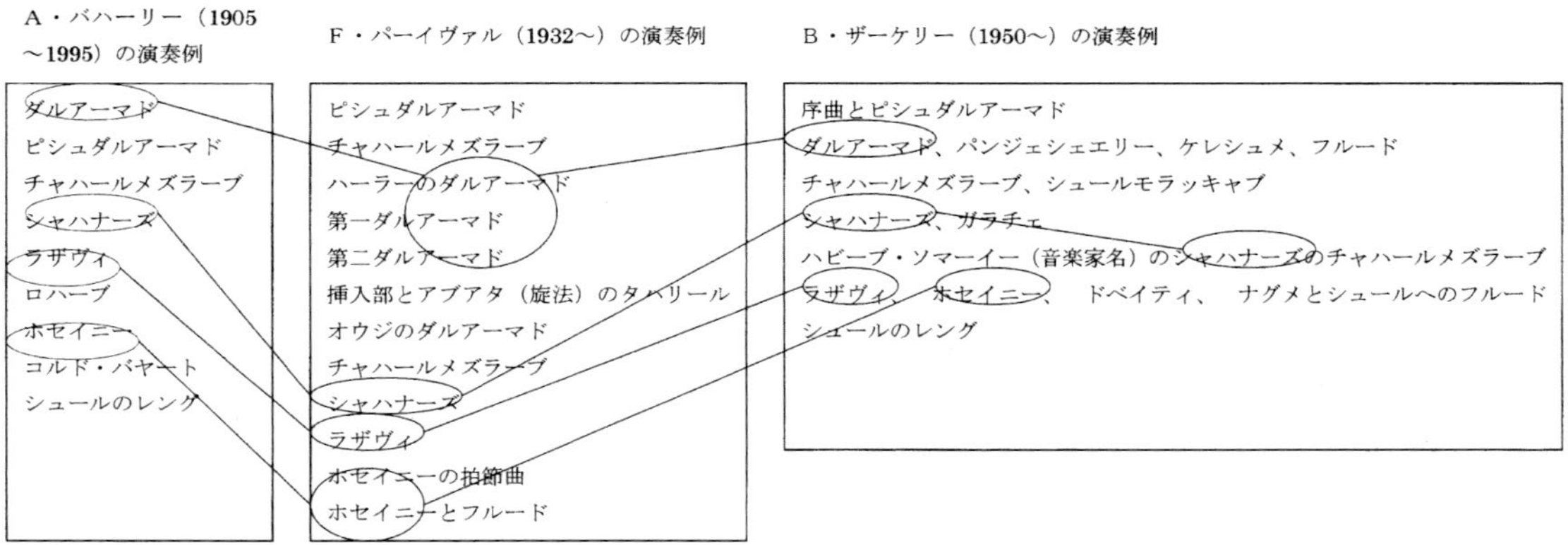

から一五、六程度の曲名らしきものが列挙されていることがわかる。これらはいわゆる組曲のような形で、連続して演奏されるものである。

イラン音楽には伝統的に伝えられてきた大小様々の旋律型（グーシェ gūshe）が無数に存在している。そしてそれらはただバラバラに存在している訳ではなく旋法ごとにまとまったものとして体系的に存在している。旋法というものが一般に、「旋律的要素をふくむ、より緊密な相互関係を持つ音高の並び」（水野 一九九二：三三）と定義されるように、すなわちイランではある旋法名を挙げればそれは単なる音階以上のもの、つまり幾つかの具体的な旋律型そのものがそこに想起されるのである。

つまり［図1］のライナーノーツに挙げられているいくつもの曲目らしきものとは、そうした、シュール旋法に属する旋律型のうち、録音のなかで実際に音楽家が自らの演奏に用いた旋律型の名称なのである。なるほど、それぞれの音楽家の個性を反映してか、どれも同じシュール旋法でありながら、演奏内容には多様性が見られる。

しかしいまここに挙げた三つの演奏プログラム（そして最初に引用したイマーム広場についての新聞記事）をよく観察すると、互いに共通するある流れが見えてくる。それはどの演奏もほぼ頭の方にダルアーマドという旋律型をおいており、その後幾つかの旋律型（シャハナーズやラザヴィ、ホセイニーなど）の後、最終的にはフルードという旋律型を経て演奏が終わるという流れである。とりわけ、［図1］にあげた三人の演奏家からは、楕円の囲み線でそれぞれ示したように

［図2］チャルフの構造　図中の譜例は左下よりそれぞれ（Sabā 1991: 25, 28, 29, 30, 34）による

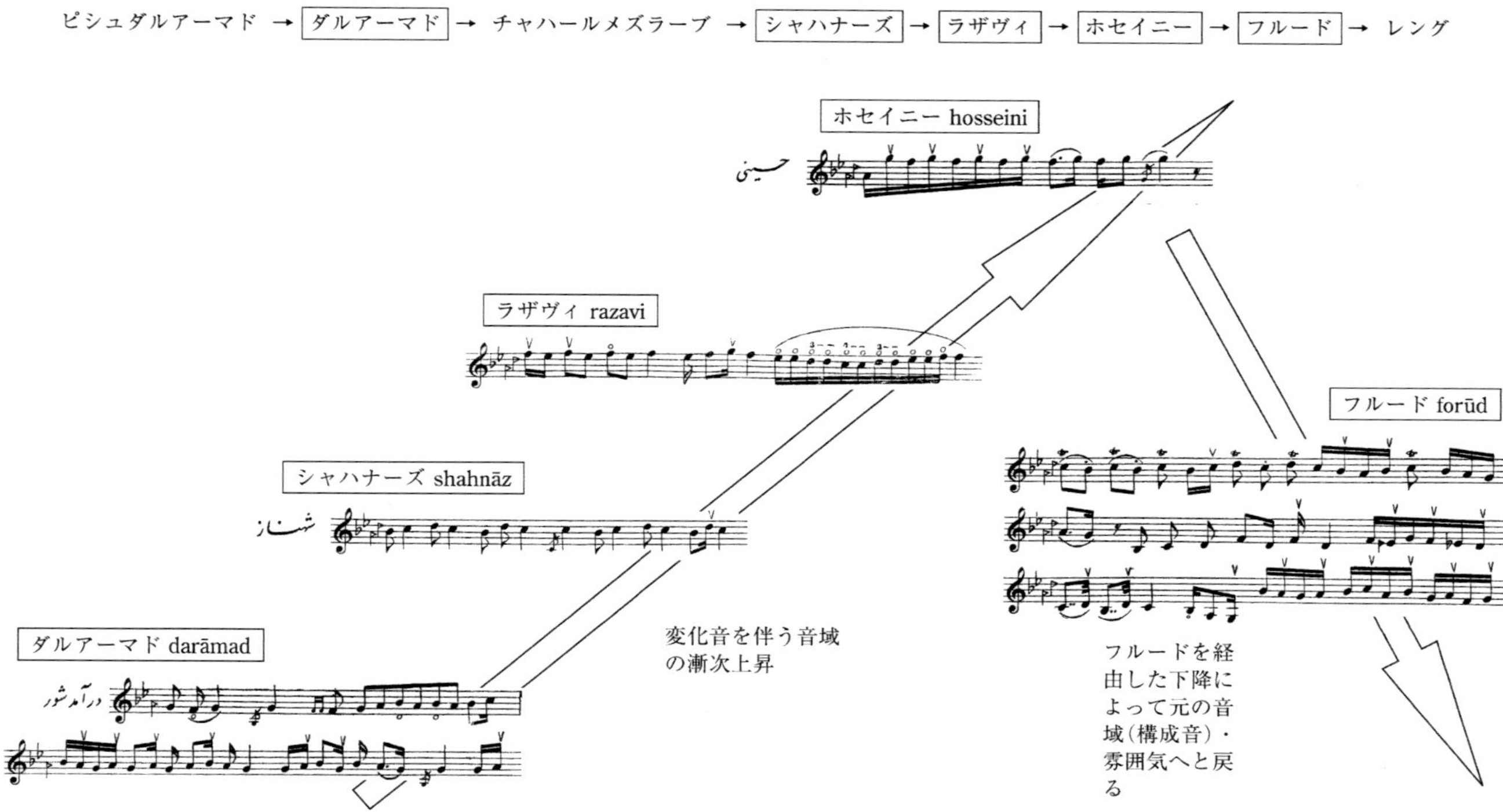

（ピシュダルアーマド↓）ダルアーマド↓（チャハールメズラーブ↓）シャハナーズ↓ラザヴィ↓ホセイニー↓フルード（↓レング）

という流れが共通してうかがえる。実は、こうした流れ（演奏順序）こそがイラン音楽のチャルフ的構造なのである。

［図2］に示したように、ひとつの旋法を構成する、幾つもの伝統的な旋律型というものは、おおまかに言えば低音域を担う旋律型から高音域を担う旋律型へ、という時間的流れにそって演奏されてゆく。［図2］の譜例が示している通り、それぞれに情緒の異なる幾つもの旋律型が、こうした音域の上昇という流れのなかで、時に変化音（注4）なども伴いつつ徐々に示されてゆくのだ。そこでは音楽が次第に高まってゆくさまを聴き取ることができるだろう。そして音楽のボルテージがその極み――それは旋法の最高音域でもあるホセイニーに達した後、今度は急速にフルード forūd と呼ばれるある一定の旋律型を経ながらもとの音域・雰囲気へと戻ってゆく（注5）。このように伝統音楽におけるひとつの旋法の演奏とは、いかに音楽家の創造性がそこに許されていようとも、こうした音域の上昇などの変化そして回帰という流れ――すなわちチャルフを必ずその内部に有しているのである。

こうした音楽の構造をチャルフ的たらしめているのは、なんといっても最後に現れるフルードと呼ばれる旋律型だろう。フルードとは、「降下」「下へ」などの意味を持っている。つまり直接的にはそれまで徐々に上昇してきた音域を下げるとともに、様々に変化してきた音楽の雰囲気をもとの状態へと戻す役割を担っているのである。このフルードの存在によって初めてイラン音楽はチャルフの構造を持つことができるのである。

では、「図2」に記載されていながら、これまでの説明からは抜け落ちていたピシュダルアーマドやチャハールメズラーブ、そしてレングというものは一体何なのだろうか。それはチャルフと一体どのような関連を持つものなのだろうか。

3 小さなチャルフ

ピシュダルアーマド Pishdarāmad、チャハールメズラーブ Chahārmezrāb、レング Reng、これらの言葉はいずれも旋律型の名称ではない。ピシュダルアーマドとは「ダルアーマドの前」という意味の、テンポの緩やかな、いわば前奏曲のような役割を持つ楽曲である。チャハールメズラーブとは「四つの撥（ばち）」の意味を持つ、独奏楽器のための比較的早いテンポの有拍曲であり、レングとは四分の三拍子と八分の六拍子のヘミオラのリズムを持つ「舞曲」の事である。すなわちこれらはいずれも楽曲形式を意味する用語であって、特定の旋律型を指し示しているわけではない。しかしこのことは、新たなチャルフがそこに存在することを意味している。

「譜例1」に示したのは、F・パーイヴァルによるチャハールメズラーブの譜例の一部である。先ほども触れた通り、ピシュダルアーマドやチャハールメズラーブ、そしてレングはそれぞれが楽曲形式名であるため、実際の音楽は特定の旋律型が奏でられるのではなく、音楽家がそれぞれの形式に合わせて予め作曲した作品が演奏されるのが一般的である。とはいえそこでは、例えばチャハールメズラーブという独立したひとつの作品内においても、小さなレベルでのチャルフが実現されているのである。

［譜例1］に示したように、ダルアーマド（核音ソ）からシャハナーズ（核音ド）、そして瞬間的なホセイニー部（核音─オクターヴ上のソ）を含むラザヴィ（核音ファ）へとめまぐるしく変化した音楽は、しばらくの経過部の後、注5で述べたようなレ・コロンからレ・ナチュラルへの回帰というフルード的役割を持つ動きによって、元の音楽的雰囲気へと戻るのである。こうした小さなレベルでのチャルフは規模の違いこそあれ、ピシュダルアーマドやレングのなかにも必ず見られるものである。そしてこうした現象（小さなチャルフの存在）は、演奏全体の流れの中での、ピシュダルアーマド・チャハールメズラーブ・レングの「位置」というものと密接に関連している。

すなわち冒頭のピシュダルアーマドも、ダルアーマドの後のチャハールメズラーブも、音楽が本格的な変化を遂げる前だからこそ（まだダルアーマドを基調とした状態にあるからこそ）、ダルアーマドを起点とする小さなチャルフをその内部に持ち得るのである。同様にレングも、フルードによって完全に変化から回帰した後だからこそ（再びダルアーマドを基調とする状態であるがゆえに）、同様の小さなチャルフをその内部に持つことが可能なのである。

言い換えれば、こうしたダルアーマドを起点とするような小さなチャルフをその内部に持つ楽曲は、

［譜例 1］ チャハールメズラーブ内の小さなチャルフ（Pāyvar 1992: 7-8）

演奏全体の中ほど、例えばラザヴィの後にくることはまずあり得ないのである。このことを［図3］で図式化した。

4 「遊び」としてのチャルフ

さてここで再び、［図1：三人の演奏家によるシュール旋法の演奏例］をながめてみよう。前述したようにこの図は、楕円の囲み線で示されたような

（ピシュダルアーマド↓）ダルアーマド↓（チャハールメズラーブ↓）シャハナーズ↓ラザヴィ↓ホセイニー↓フルード（↓レング）

というチャルフの流れを例証するものである。しかしこの［図1］をよく観察すると、そうした流れにそぐわないような記述も同時にいくつか散見される。具体的に言えばそれは、ザーケリーの演奏例の二段目に見られるフルードであり、またバハーリーの演奏の終盤にフルードが見られないこと、などである（［図1―a］を参照）。こうしたふたつの事例は一体どのように考えられるべきなのだろうか。

まず、ザーケリーの演奏例だが、これを説明するのに都合の良いのが、パーイヴァルの演奏例であ

[図3] 多層的なチャルフ

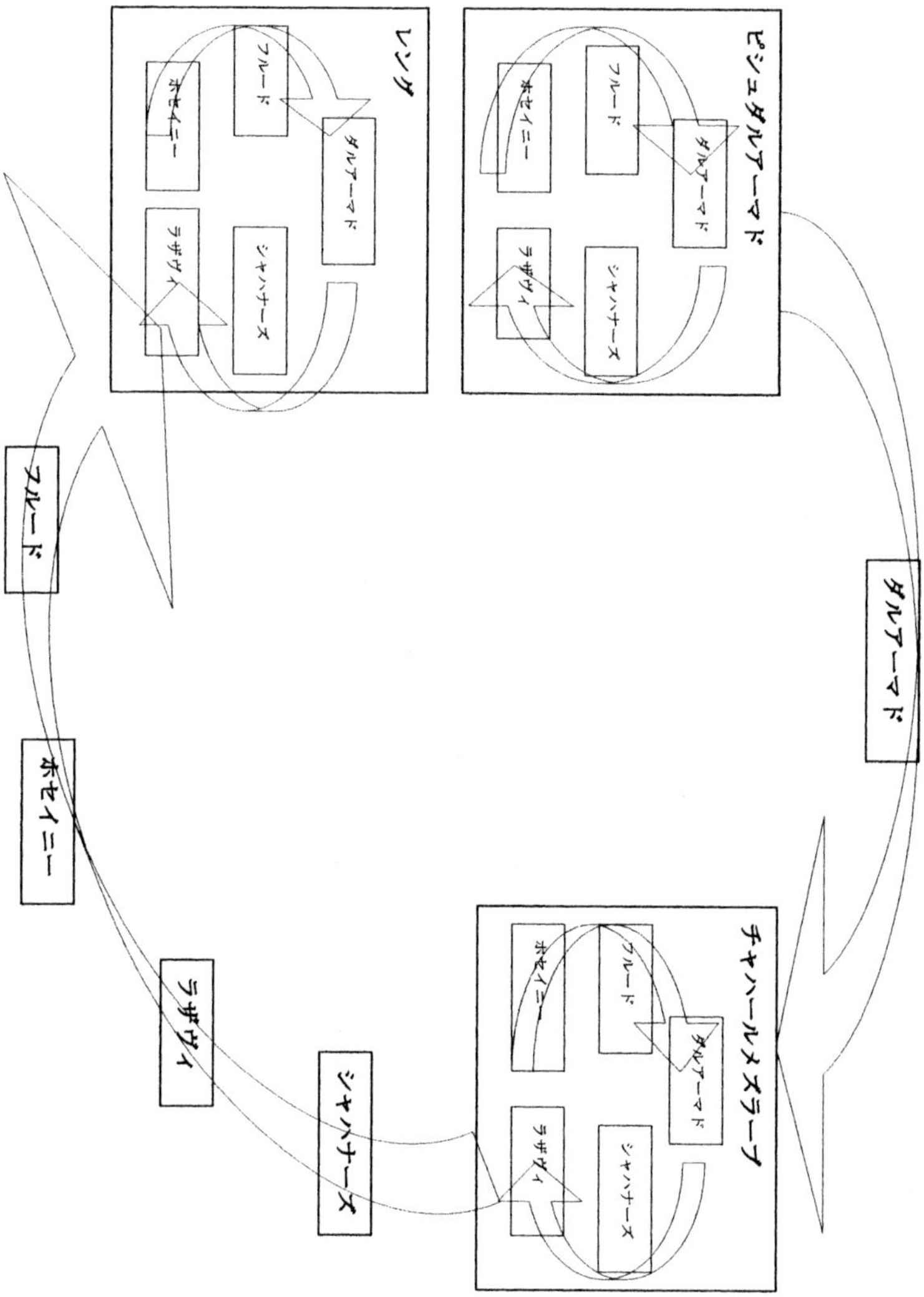

ピシュダルアーマド
フルード
ホセイニー
ダルアーマド
ラザヴィ
シャハナーズ
レング
フルード
ホセイニー
ダルアーマド
ラザヴィ
シャハナーズ
ダルアーマド
チャハールメズラーブ
フルード
ホセイニー
ダルアーマド
ラザヴィ
シャハナーズ
フルード
ホセイニー
ラザヴィ
シャハナーズ

る。パーイヴァルの演奏例には六段目に「挿入部」という記載がある。これは大きなチャルフの流れとは別のものを演奏家が任意に（遊びとして）「挿入」していることを表している。それは、単一のリズミックなフレーズの挿入であったり、また別の旋法への一時的な転調（あくまで便宜的な表現）であったりする。しかしそれがいかに一時的なものとはいえ、本来のチャルフへと戻るためには、やはり相応の形が必要となる。つまりザーケリーの演奏例の二段目に見られるフルードとは、そうした遊びとしての「挿入部」から、本来のチャルフへと回帰する役割を果す部分としてのフルードだったのである（ちなみにその直前のケレシュメとは、リズム的に固定されたフレーズで、典型的な「挿入」フレーズである）。

そして当然、パーイヴァルの演奏例に見られる「挿入部」のあとにも、大きなチャルフという流れに戻るための「フルード」は必ず存在している。しかしそうした存在はもはやあまりにも自明であるために、その記載がここでは省略されてしまっているのである。バハーリーの演奏例に見られる「フルード」記載の欠如も全く同様の理由によるもので、それはチャルフという流れ自体が伝統音楽の実践において暗黙の前提として機能していることの証左として捉えることができるのである。

5 音楽家の身体に刻印される「チャルフ」

そして更に言うなら、このようなチャルフを構成するグーシェ（旋律型）の流れというものは、た

［図 1—a］

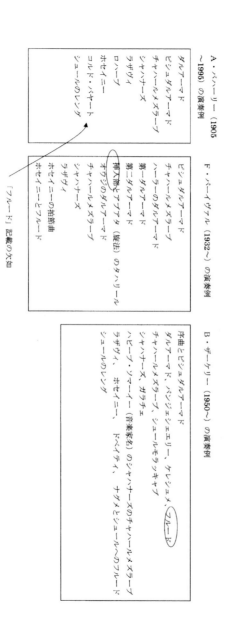

A・バハーリー（1905〜1995）の演奏例

ダルアーマド
ピシュダルアーマド
チャハールメズラーブ
シャハナーズ
ラザヴィ
ロハーブ
ホセイニー
コルド・バヤート
シュールのレング

F・パーイヴァル（1932〜）の演奏例

ピシュダルアーマド
チャハールメズラーブ
ハーラーのダルアーマド
第一ダルアーマド
第二ダルアーマド
挿入部とアブアタ（旋法）のタハリール
オウジのダルアーマド
チャハールメズラーブ
シャハナーズ
ラザヴィ
ホセイニーの拍節曲
ホセイニーとフルード

B・ザーケリー（1950〜）の演奏例

序曲とピシュダルアーマド
ダルアーマド、パンジェシェエリー、ケレシュメ、フルード
チャハールメズラーブ、シュールモラッキャブ
シャハナーズ、ガラチェ
ハビーブ・ソマーイー（音楽家名）のシャハナーズのチャハールメズラーブ
ラザヴィ、 ホセイニー、 ドベイティ、 ナグメとシュールへのフルード
シュールのレング

「フルード」記載の欠如

だグーシェをそう並べるから結果としてチャルフが形成されるというような消極的な事態のなかにあるのではない。例えば、［図2］で用いたアボルハサン・サバー Abolhasan-Sabā（一九〇二～五八）伝承のラディーフには、グーシェ名が切り替わる前から、次のグーシェの要素を準備するような動きを持つ旋律が数多くある（第五章注7参照）が、こうしたことから判るのは、むしろ単体のグーシェそれ自体が、チャルフを形成する欲求を自らのなかに有しているということである。言い換えれば演奏家は、このような単体のグーシェそれ自体の中に存在する、チャルフを形成しようとする欲求を、自らの欲求として感じることで即興演奏を行なっているのである。

音楽家は修行段階においてこれらのグーシェをただひたすら徹底的に暗記する。しかしグーシェを内面化する作業というのは、決してそれをただ音響的に受け継いで、再現できることだけを指しているわけではない。第三章で述べたように、チャルフという構造・グーシェ間の関係性に対し、師匠が具体的に言及することはまずない。ましてや図で説明するような形で理論的に学ばれるわけでもなければ、知識として「与えられる」わけでもない。代わりに学習者は具体的なグーシェを数多く実際に弾きこなしてゆく中で、言い換えれば身体へと蓄積させてゆくなかで、感覚的・体験的・体感的に、この構造（関係性）を主体的に把握してゆくのだ。すると、こうした旋律型どうしの関係性は、自らの身体の欲求として、主体のなかに形成されてくるのである。そこでは、グーシェの旋律は客体として聴かれるのではなく、その次の音やグーシェへの欲求を秘めた「主体」として感じられているのである。

そもそも「グーシェを記憶する」という現象面からの記述の仕方は、ともすれば音を記憶すべき「対象」として、固定的に、自分の外にある客体として想定させてしまうかもしれない。しかしこの作業は実際には自らの身体を通してなされるのである。そうすると次のような表現もあながち誇張ではないと言えるだろう。それはチャルフ観というものが、音としてそう感じるというより、「あるフレーズを弾くという身体感覚・運動感覚・楽器上のポジション自体が、次のフレーズのための身体感覚・運動感覚・楽器上のポジションを導き出す（呼び覚ます）ような感覚としてある」ということである。まさに個々のグーシェを演奏するという身体のなかに「関係性」自体が埋め込まれており、その欲求に従うかたちで即興演奏は展開されてゆくのである。

つまりこのチャルフというものは、即興演奏が時間的にどのように展開されるべきなのか（次に何が弾かれるべきなのか）という具体的なレベルにおいても、非常に重要なものなのであり、個々のグーシェには、チャルフという関係性の中に活きているがゆえの、即興演奏を進行させていくための原動力・機能が内包されているのである。そしてそうした原動力はチャルフだけではなく、ひとつのグーシェ内というミクロなレベルにおいても存在している。

ここでひとつのグーシェの基本的構造について概観してみよう。グーシェはその内部に

［序―ダルアーマド darāmad（注6）］↓［詩―シェエル sh'er］↓［声楽技法に由来するメリスマ的装飾パッセージ―タハリール tahrīr］↓［終止句―フルード forūd］

といった構造を基本的に持っている。つまりグーシェの中には通常、その名称の拠りどころとなる要素だけではなく、フルードなどの別の機能が同時に組み込まれているのである。

［譜例2］はアブドルラ・ダヴァーミー Abdollah-Davāmī（一八九九〜一九八〇）伝承のラディーフよりセガー旋法のダルアーマドである。三段目より「詩 sh'er」が歌われ、五段目の一六分休符以降の「タハリール tahrīr」によって盛り上げられた音楽が「フルード forūd」で収束に向かう様子がここでは大変よく見て取れる。

ここで重要なことは、即興演奏を行なう音楽家にとってこの構造が単に静的なものとして存在するのではないということである。ダルアーマドという比較的穏やかに始まる導入部は演奏家にとって、その後シェエルという詩の朗唱を導く部分でもある。またその後のタハリールへの衝動というものは、「詩 sh'er」の部分を詠い終わることで惹き起こされる。つまり「詩 sh'er」の部分を詠い終わる音楽家は、続けてタハリールによって技巧的に音楽を展開し一種の盛り上がりを形成しようという衝動を持つべく刷り込まれているのである。そしてその後、その盛り上がりは必ずフルードと呼ばれる旋律型によって収束させせられるべく方向付けられているのである。もちろんグーシェによっては、これらの構造が完全に保持されているとは限らない。しかし省略されているとはいえ、このような音楽の「流れ」自体はグーシェ内の各フレーズ――更に言えばそうしたフレーズを奏でる音楽家の身体のなかに刻印されているのである。タハリールという盛り上がり部分を奏でる身体性の中には、そのうちフル

［譜例 2］ダヴァーミーのラディーフよりセガー旋法のダルアーマド（核音シ・コロン）(Pāyvar 1996: 115)

ードへと向かい収束しようという展開までもが刻印されているのである。このように、即興演奏研究において重要なトピックとなる「次に何を弾くべきか」という演奏家の意識は、グーシェの進行上(チャルフ)は勿論のこと、ひとつのグーシェ内という小規模なレベルにおいても、こうした変化と収束の流れを内部に持つグーシェの構造によって導かれているのである。

こうした事例から我々は、グーシェそのものが元々複合的な存在であり、またそのグーシェも単体ではなく、旋法内の一連の流れの中に組み込まれた一機能として、他のグーシェと関わりながら存在する事を改めて認識した。そうした観点からラディーフというものを見直してみた場合、ラディーフをグーシェの名称、あるいは数の上から判断する事の危うさが自ずから明らかとなってくるであろう。フルードのように、その存在が自明であるがゆえに名称には現れないという場合も多々あるのだ。しかし名称に現れなくとも、ひとつの旋法を形成するのに最低限必要な要素は、グーシェの一連の流れの中にチャルフとして必ず組み込まれているものなのであり、その理解・抽出こそが即興演奏を学ぶ学習者に課せられた重要な課題のひとつなのである。

6　チャルフ的な感覚に基づく、音楽の聴きかた・感じかた

以上明らかになったイラン音楽のチャルフ的な構造は、まるでアラベスクの文様のように小さなチャルフと大きなチャルフとが複層的に絡み合ってひとつの世界を成していた。そしてそこには、チャ

ルフ的な感覚特有の音楽の聴きかたや感じかたが存在しているのである。

例えば、個別に聴けば一見勢い込んでいるかに聴こえる演奏も、チャルフ的な感覚のなかではその後に控える更なる高揚に備えてその感情表現をある種抑制している様子をうかがい知ることができるのだ。また単独で聴けば単に「下行」しているだけのように聴こえるフルードが、実はそれまで変化の極みを尽くした音楽を本来基調となる音楽へと再び収束させるという、まさしく「回帰」の機能がそこに想定されつつ聴かれていることが判るのである。

そしてイラン音楽研究の重要なトピックである即興演奏の理解にも、この「チャルフ観」は大きな手がかりを与えてくれる。すでに述べたように先行研究は、音楽家たちが全く無の状態から音楽を生み出しているわけではなく、予め即興というパフォーマンスの基盤となるものを準備していることを指摘してきた。ブルーノ・ネトルは、そうしたパフォーマンスの基盤となるものを「モデル model」或いは「出発点 points of departure」と呼んだ(Nettl 2001:96)が、確かにイランの音楽家たちは即興演奏の境地に達する以前に、数百単位のグーシェを何年もの間にわたって暗記し理解する段階を経ているのである。

ネトルの論文「即興演奏考――比較的アプローチ」("Thoughts on Improvisation: A Comparative Approach")によれば、イラン伝統音楽の場合、これまで即興モデルの構成要素 building blocks(Nettl 1974:13)として指摘されてきたのは、様々なグーシェやそうしたグーシェが持つ「核音」、「フルード」などであった。しかしそれらが一体どのように互いに関連しあい、全体として捉えられているのかについては、これまでそれほど明確な形では指摘されてこなかったのである。言い換えれば、モデルというものは何らかの実体を持つもの（旋律そのもの）として想定されてきた一方で、旋律型どうしの「関係性」については、それが即興モデルのもうひとつの柱であるにも関わらずこれまでひとつのタームで表現されてこなかったように、あまり重要視されてこなかったように思われるのである。

そこでこの「チャルフ観」というタームは、先行研究の指摘をさらに一歩進めて、記憶にストックされたフレーズが、ばらばらではなく全体としていかに秩序付けられているのか、記憶にストックされたフレーズを用いて、即興演奏を全体としてどうオーガナイズしているのかという演奏家の認識に対する知見をもたらすものなのである。伝統音楽の世界において音楽の習得とは、伝統的な旋律型を単にレパートリーの如く暗記することではなく、そうした作業を通じて他ならぬ「チャルフ観」を獲得することなのである。このようにチャルフというキーワードによって、イラン人がチャルフ的な感覚の中で音楽を聴き、そして創り、その美――旋律型間の進行美・接合美――を感じ取っている様子（＝構造的聴取）がうかがい知れるのである。

第五章　グーシェ（旋律型）分析

はじめに

さてこれまでの章では主に、グーシェとよばれる共有フレーズの実際の運用のあり方やそこに見られるパラフレーズ性を繰り返し指摘してきたわけだが、そのような特性は実際の即興演奏はもとより、音楽教授の現場で学習者に対して示される伝統的旋律型集であるラディーフのなかにも十分見て取ることが出来る。

ラディーフは前述したように、その伝承者（解釈者）によって複数存在しているが、現在イランで広く流通しているラディーフの中で最も重要とされているのが、セタール奏者であったミルザー・アブドッラー **Mirzā-Abdollāh**（一八四三〜一九一八）伝承のラディーフである。現在、特に首都であるテヘランにおいて伝承、公刊されている様々なラディーフは、カージャール朝（一七九六〜一九二五）の宮廷音楽の伝承にまで遡ることができるが、それがミルザー・アブドッラーのラディーフなのである。これはミルザー・アブドッラー自身が突如として創り上げたものではなく、その父親であるアリーアキバル・ファラーハーニー ʾĀlīakbar-Farāhānī（？～一八五〇？）からの伝承を拠り所として彼が体系化したものとされている。そして父ファラーハーニーの伝承はまた、ミルザー・アブドッラーの兄であるアーガー・ホセインゴリー Āqā-Hosseinqolī（？～一九一五）にも受け継がれた。そしてこの兄弟の伝承に基づき、彼らに師事した音楽家たち、さらにはその孫弟子たちは、特にその体系化に寄与した人物としてミルザー・アブドッラーの名のもとにこのラディーフを伝承してゆくこととなる。と同時に、伝承行為を通じて自らが音楽家としての成熟を重ね、それが社会に認知されてゆくにつれ、今度は自身の音楽性を、自らの名を冠したラディーフとしても世に問うていった。第一章の結びでの表現を借りるなら、先人のラディーフから自らのラディーフを生み出していったのである。結果として現在ラディーフは、音楽家の流派や系統を示す形で幾つか存在するのである。

本章では、このような幾つかのラディーフを分析することで、複数の音楽家がいかに共有フレーズを用いて音楽を創り上げているのか――その運用のあり方やそこに見られるパラフレーズ性をより多彩な事例から浮き彫りにしてゆきたい。またそうした作業の中で、どの音楽家も全体としてチャルフという流れを例外なく形成している点についても例証してゆきたい（注1）。分析の対象としたのは、

一）ミルザー・アブドッラー Mīrzā-Abdollāh 伝承のラディーフ（Talāʾī 1997）
（ダーリューシュ・タラーイー Dāryūsh-Talāʾī 採譜　タール・セタール用）

二）アボルハサン・サバー Abolhasan-Sabā（一九〇二～一九五八）伝承のラディーフ

(Sabā 1991)(サントゥール用)

三) ムーサー・マアルーフィ Mūsā-Ma'rūfī(一八八九~一九六五)伝承のラディーフ

(Ma'rūfī 1995)(タール用)

四) マハムード・キャリミー Mahmūd-Karīmī(一九二七~八四)伝承のラディーフ

(Mas'ūdie 1995)(モハンマド・タギー・マスウディエ Mohammad-Taghī-Mas'ūdie 採譜 声楽用)

五) アブドル・ダヴァーミー Abdollah-Davāmī(一八九九~一九八〇)伝承のラディーフ

(Pāyvar 1996)(ファラーマルズ・パーイヴァル Farāmarz-Pāyvar 採譜 声楽用)

六) ファラーマルズ・パーイヴァル Farāmarz-Pāyvar(一九三二~)伝承のラディーフ

(Pāyvar 1988)(サントゥール用)

の全六種類のラディーフである。これらは現在テヘランにおいて刊行され、広く学習に利用されているラディーフである。分析の対象とする旋法は、第三章の[図1]と同様、セガー旋法とした。また前述したとおりラディーフは、グーシェと呼ばれる幾つもの伝統的な小旋律型や小曲が時間的な「列状に連なる」構造を有しており、その数は伝承者によってかなりのばらつきがある。そこで本章では分析の対象とするグーシェを、「なるべくミルザー・アブドッラーのラディーフに含まれるグーシェを中心としつつも、ひとつのラディーフにしか含まれないような例外的なグーシェは取り扱わない」などの基準によって予め選定しておくことにした。結果分析対象となったのは、次ページの[資料1]

［資料１］本章で分析するグーシェと六人の音楽家のラディーフ譜例対応表（注２）

	ダルアーマド	ナグメ	ケレシュメ	ザンゲ・ショトル	ザーボル	バステ・ネガール	ムーイェ
ミルザー・アブドッラー	譜例1・8	譜例10・12	譜例14	譜例17	譜例19	譜例25	譜例31
サバー	譜例4				譜例20		譜例32
パーイヴァル	譜例6				譜例21		
キャリミー	譜例3・5				譜例23		譜例29
マアルーフィ	譜例7・9	譜例11・13	譜例15	譜例18	譜例22	譜例26	譜例28
ダヴァーミー	譜例2				譜例24		譜例30

	シェキャステ・ムーイェ	モハーレフ	ハジー・ハサニー	バステ・ネガール	マグルーブ	ケレシュメ	ザンゲ・ショトル
ミルザー・アブドッラー		譜例37	譜例49	譜例48	譜例54		譜例46
サバー		譜例38			譜例53		譜例44
パーイヴァル		譜例39					
キャリミー	譜例35	譜例41			譜例51		
マアルーフィ		譜例40	譜例50	譜例27・47	譜例52	譜例43下	
ダヴァーミー	譜例36	譜例42			譜例55		譜例45（注3）

	ハズィン	フルード	ホッディ・オ・パハラヴィ	レンゲ・デルゴシャー
ミルザー・アブドッラー	譜例56	譜例60		譜例69
サバー		譜例61	譜例65・67	
パーイヴァル		譜例62		あり
キャリミー		譜例58	譜例66・68	
マアルーフィ	譜例57	譜例59		あり
ダヴァーミー		譜例63		

のグーシェであり、本章ではこれらを対象として順に分析を行なってゆく。

また繰り返しになるが、［資料1］に示したグーシェ群は続けて演奏されることでチャルフという時間的流れを形成するものである。とはいえ本章ではひとつのグーシェにつき最大で六種類以上の譜例を提示する――すなわちチャルフという時間的（横方向）流れを、縦方向に切り取って詳しく分析してゆくことになり、ともすれば読み手は、チャルフという全体の流れのなかでの「現在地」を見失いやすい。そこで［資料1］では、こうしたチャルフという時間的流れ（横方向）と、六人のラディーフのグーシェごとの分析（縦方向）との相関関係を図式化しておくことにした。以降の分析を読み進む上での俯瞰材料として常時参照頂きたい。

1　ダルアーマド darāmad

グーシェの音楽的特徴を分析する上でまず注意を払わねばならないのは、シャーヘド shāhed そしてイスト ist と呼ばれる音である。シャーヘドとはグーシェ全体を通して頻繁に現れ、強調される側面を持つ音のことである。シャーヘドとは一義的には「証拠」或いは「証明」を意味するが、その名のとおりグーシェの性格を特徴付ける「あかし」としてシャーヘドは繰り返し現れ、強調されるのである。一方、グーシェ内のフレーズ或いはグーシェ全体が終止する音はイスト（止まる、の意味を持つ動詞 istādan の語幹）と呼ばれる。このシャーヘドとイストは、同じ音が兼ね持つ事も多く、このダルアーマドというグーシェも、ひとつの音がシャーヘドとイストの機能を併せ持っている。

ダルアーマドとは「序」や「導入」といった意味を持つ、各旋法の冒頭に奏でられる無拍のグーシェである（旋法によっては単にアーヴァーズと呼ばれることもある）。そしてこのグーシェは、当該旋法の最もオーソドックスなキャラクターを表現する。つまりグーシェ名無しに単にセガー旋法といった場合想起されるのはこのダルアーマドのキャラクターであり、シャーヘドとイストの機能を併せ持つ音、すなわち旋法の核となる音に応じて、「ラ（コロン）のセガー」とか「シ（コロン）のセガー」という風に表現されるのである。

後に見るように、例えば［譜例1］のミルザー・アブドッラー伝承のラディーフはラ（コロン）を核音として構成されるセガー旋法であり、同様に［譜例2］のダヴァーミー伝承のラディーフはシ（コロン）の、［譜例3］のキャリミー伝承のラディーフはミ（コロン）のセガー旋法である。既に引用した水野信男による旋法の定義「旋律的要素をふくむ、より緊密な相互関係をたもつ音高の並び」（水野　一九九二：三三）にみられるように、イラン音楽においても重要視されているのは絶対音ではなく、むしろ旋法内の各音の相互・相対関係なのである。とはいえどの音からも旋法が構築されるというわけではなく、慣用的によく用いられるのはセガーの場合上記の三種である。チャルフという音楽的構造・グーシェ間の関係性やそれを構成する共有フレーズのパラフレーズ性を考察するという本章の目的からみればやや比較しづらくなるが、これらは声や楽器の音域や特性にそれぞれ最も適したセガーとして定着したものだという点を尊重し、そのまま引用する事とする（以降の譜例には、括弧内に当該グーシェのシャーヘドを示すこととする)。

さて、ここに示した三つのラディーフ[譜例1~3]では共に一段目に、三度上の音から細かな装飾を挟みながらシャーヘドへとゆるやかに下降してゆく動きが見られる。そしてこれは実際の即興演奏においても、セガーのダルアーマドとしてよく見られる動きである。このことから判るのは、音楽家たちがダルアーマドとして「ある音の動き」を共有しているということである。しかし上記の譜例がそのまま、共有されている「音の動き」なわけではない。「ダルアーマドとはどのようなものか」という規範そのものは、第三章での表現を借りれば、音楽家の「思い出」的記憶の中にあり、音楽家はそれを即興のたびに現実の音へと具現させている——つまり上記の譜例はそれぞれ、その共有されている音の動きを各音楽家が具体的に「思い出した」サンプルなのである。そうするとこれら三つの楽譜を比較したときに現れる差異は、先行研究のように個人の創造性としてみるよりは、むしろ個々人が「思い出」的記憶のなかで抱くダルアーマド像を実際の音として「思い出した」時に必然的に現れてしまう差異、また個々の楽器や身体というハードウェア上の制約・条件によって生ずる差異としてまず捉えられるべきだろう。

ラディーフ研究においてしばしば要請されるように、これら三つを分析してダルアーマドの規範性を抽出することは、概念上での営みとしては可能である。しかしそれだけを具体的な音や譜例として提示することは出来ない。なぜならそれは誰かが具体的な音や譜例にした時点で、当人のひとつの解釈であり、サンプルとなってしまうからである。そういう意味で、このグーシェの特徴や規範性とは

［譜例 1］ミルザー・アブドッラーのラディーフ（ラ・コロン）

［譜例 2］ダヴァーミーのラディーフ（シ・コロン）

［譜例 3］キャリミーのラディーフ（ミ・コロン）

何かと問われれば、「三度上の音から細かな装飾を挟みながらシャーヘドへとゆるやかに下降してゆく動き」と表現するのがせいぜいなのである。筆者はこれまで第三章において、譜例そのものを示しながら「これらは共有フレーズである」と記述してきたが、実際に共有されるのは現実の音というよりは、そうした現実の音や譜例を導き出す元となった、上記のようなイメージなのである。つまり学習者たちは、ラディーフという伝承材料そのものを、即興演奏のために直接「加工・操作」すべき対象として——すなわち「基本形」として認識しているわけではない。彼らはただそれを「典型的な表れ」として認識するのである。そしてそうした「典型的な表れ」の一方で、やや「異なった表れ」方をするラディーフも存在する（［譜例4］）。

見る通り確かに［譜例4］のサバーのラディーフは、三度上からシャーヘドに向かうという動きを有してはいない。しかし前掲の「三度上からの下行の動き」が決して基本形ではなく「典型的な表れ」でしかないことを考慮すると、このラディーフの動きも、基本に対する変則として位置付けられるものではなく、これ自体別のひとつのサンプルとして上記の三つと同列に扱われるべきものなのである。その証拠に［譜例5］で示したキャリミーのラディーフには、先に示した通常のダルアーマドに引き続き、「別種のダルアーマド」という名のグーシェが存在し、そこには［譜例4］のサバーのラディーフと同様、シャーヘドの三度下へ一時停止する様子が観察できるのである（二重四角形の部分）。

つまるところ、これらの動きの中で客観的に指摘できる音楽的特徴とは、「シャーヘドへと向かう動きの欲求」としか表現できないのである。「異なった表れかた」をする［譜例4］のサバーでさえ

［譜例 4］ サバーのラディーフ（ラ・コロン）

آواز سه گاه

［譜例 5］ キャリミーのラディーフより「別種のダルアーマド」（ミ・コロン）

bogdār tā mo qā — bele rū ye to bogdarī

二段目からはシャーヘドへと向かっているし、［譜例6］のパーイヴァルのラディーフは殆どシャーヘド自体から音楽を始め、順次進行で一オクターブ下のシャーヘドへと落ち着くという動きを有しているのだ。

そうすると、［譜例7］のマアルーフィのラディーフ譜上では際立って見える下行形や上行形の連続も、ただシャーヘドへと向かう経過部であることが判ってくるのである。同様に、［譜例4］のサバーのラディーフの二段目や、［譜例6］のパーイヴァルのラディーフの中盤に見られる上行形、［譜例2］のダヴァーミーの下行形もまた、シャーヘドへと向かう経過部であると言えよう。

むしろここで特徴として指摘すべきなのは、そうしたシャーヘドへと向かう動きがほぼ、定型化したフレーズをあてはめる事によってなされているということである。［譜例4・6・7］において四角形で囲んだような音使いは典型的な終止句であるし、またグーシェ全体の終止部においては三度下の音からシャーヘドへの、イアンボス（短長）・パターンが見られるが（［譜例8・9］の二重四角形）、これもまたセガー旋法の終止句として広く共有されているフレーズなのである。そういう意味で聴き手は、［譜例6］のパーイヴァルのラディーフに見られる冒頭の二音だけでもそれをセガーのダルアーマドと認識することが出来るのである。

そしてここで確認しておきたいのは、これらのフレーズがチャルフという構造の中でどのような意味を持っているのかということである。これまでの譜例から明らかなように、ここで示された共有フレーズは、それ自体がそれほど特徴的な旋律であるわけではない。言い換えれば、特定の旋律そのも

［譜例 6］パーイヴァルのラディーフ（ラ・コロン）

［譜例 7］マアルーフィのラディーフ（ミ・コロン）

ののキャラクターがダルアーマドを決定的に特徴付けているというよりは、「シャーヘドに向かう方向性が見て取れる」というような、雰囲気或いは情緒レベルでの規範性を示すことにのみ留まっているのである。また更にその音域について言えば、シャーヘドを軸としておよそ上下三度ずつほどの枠組みしかないとも言えるだろう。

しかしここで重要なのは、このグーシェが旋法全体の基準として捉えられている点である。それは、後に続くグーシェが音域の上昇などの様々な変化を見せる上での基調的役割をこのグーシェが担っている事を示しているのである。旋法内のグーシェの配列が、上昇を核とした変化ののちフルード（降下）と呼ばれる旋律型を経て最終的には元の音域・雰囲気へと落ちつくという流れを持つ事は前にも述べた。そうしたチャルフという流れからすれば、現段階では控えめにも思えるこのダルアーマドの動きも、後々大きな意味を持ってたち現われてくるのである。

2　ナグメ naghmeh、ケレシュメ kereshmeh、ザンゲ・ショトル zang-e shotor

2—1　ナグメ naghmeh

前述したようにいよいよここから、ダルアーマドを出発点としながら新しい音楽的要素が様々な形で登場してくる。まずナグメとは「旋律」を意味するが、ここではそれまでのようなある一定の音への方向性のみならず、より具体的な旋律がその姿を現す。

［譜例8］ミルザー・アブドッラーのラディーフ（ラ・コロン）

［譜例9］マアルーフィのラディーフ（ミ・コロン）

［譜例10、11］の四角形で括った音型は、音高を変えながらグーシェ全体を通して繰り返し奏でられる、つまりナグメの根幹部分である。それはやがてダルアーマドのシャーヘドへと回帰して行くが、完全に落ちつく前に、タハリール tahrīr と呼ばれるメリスマ的声楽技法を模した装飾的パッセージを見て取る事ができる［譜例12・13］。

このタハリールは、ただ単に、音楽がシャーヘドへと落ち着く前のこの「位置」に、偶然挿入されているわけではない。第四章においても述べた、

［序　ダルアーマド darāmad］→［詩　シェエル shʿer］→［声楽技法に由来するメリスマ的装飾パッセージ　タハリール tahrīr］→［終止句　フルード forūd］

というグーシェ構造を内面化した音楽家の感覚からすれば、「タハリールを奏でる」という身体感覚のなかにはすでに、その後音楽が落ち着いてゆくだろうという予感までもが組み込まれているのである。すなわち音楽がシャーヘドへと落ち着こうとする際にこうしたタハリール的動きが来るのは、音楽家にとってはごく自然な表現のあり方だと言えるのである。

さて前述したように、このグーシェの分析を通して見えてくる事はまず、ナグメがナグメとしての固有の旋律を有している事である。ダルアーマドに存在したのは「典型的」な動きである一方、ナグメはその固有の旋律でもってナグメと認知されるのである。言い換えればこのグーシェは、音の方向

［譜例10］ミルザー・アブドッラーのラディーフ（ラ・コロン）

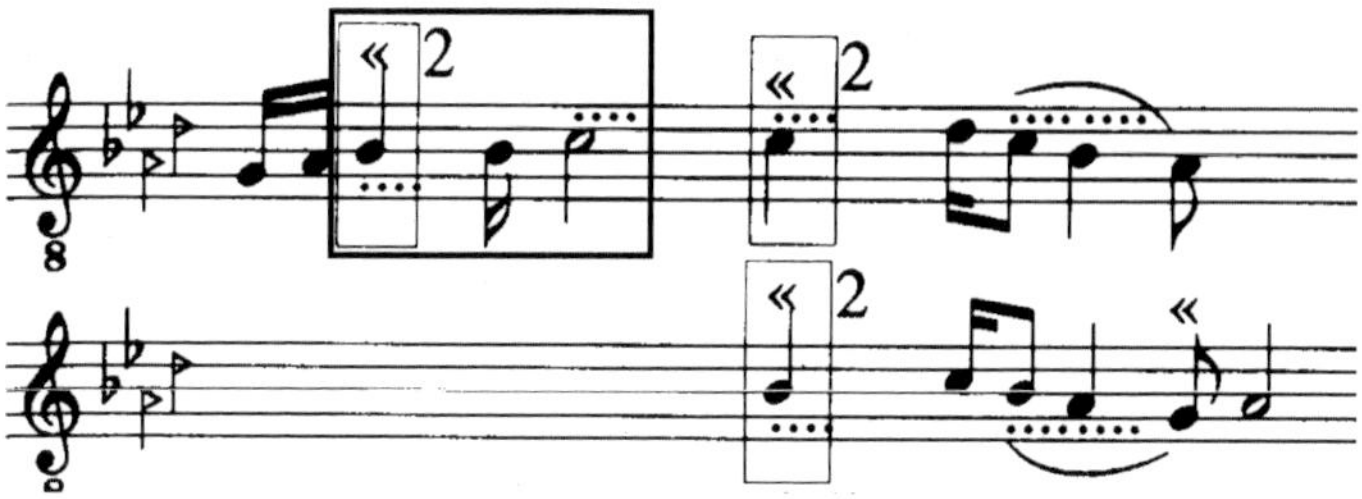

［譜例11］マアルーフィのラディーフ（ミ・コロン）

性だけではなくより具体的な音楽的特徴が唯一の「基本形」として認識されているタイプのグーシェということになる。

2―2　ケレシュメ kereshmeh ［譜例14、15］

またナグメの後に続く、ケレシュメ（「色目」「媚」の意）というグーシェも、そこで最もよく詠われる詩の韻律を反映した、八分の六拍子と四分の三拍子が交互に現れるヘミオラのリズムを明確な特徴として持つグーシェである。

このグーシェには詩と音楽のリズムの完全な一致が見られる。以下に示したのは、ケレシュメで最もよく詠われる十四世紀の詩人ハーフェズによる詩である。

biyā o keshtī-ye mā dar shatt-e sharāb andāz
khorūsh o velveleh dar jān-e sheikh o shāb andāz

さあ、我々の船を酒の河に投げ入れよ
嘆きと叫びを、老師と若者の魂に投げ入れよ
（柘植　一九九九：三六）

この詩の韻律はモジュタッセ・マハブーン mojtass-e makhbūn と呼ばれる「短長短長＋短短長長」

［譜例12］ミルザー・アブドッラーのラディーフ（ラ・コロン）

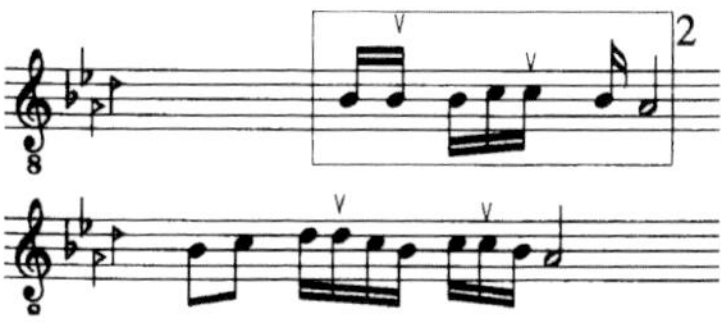

［譜例13］マアルーフィのラディーフ（ミ・コロン）

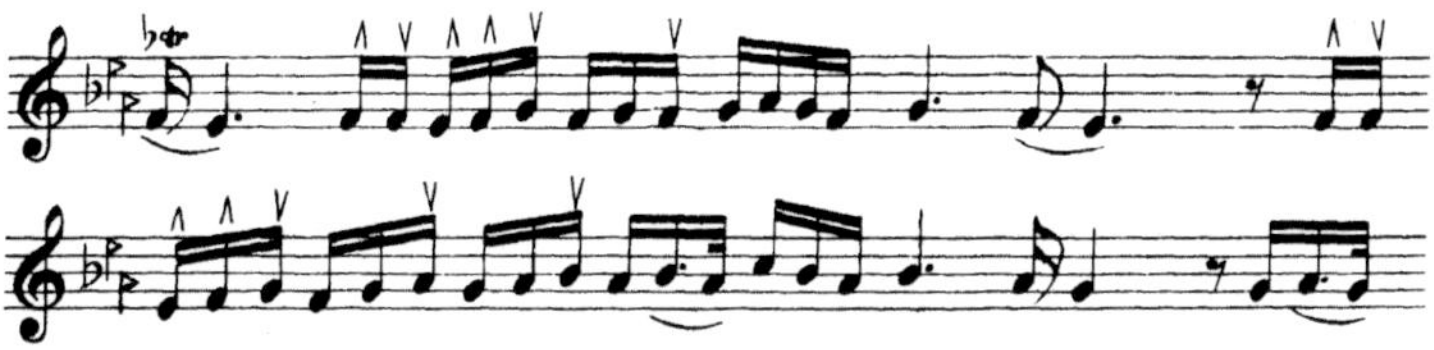

のリズムである。これはモスタフアロン mostaf'alon（長長短長）とファーエラートゥン fā'elāton（長短長長）という二つの詩脚が組み合わさったモジュタッス mojtass（長長短長＋長短長長）と呼ばれる韻律に、マハブーン makhbūn と呼ばれる変形（それぞれの最初の長音を短音へと変化させる）を施したものである。そしてこの韻律と全く一致するリズムがこのグーシェには見て取れるのである。

そしてこのグーシェは、まずそのリズムによって特徴付けられるために、旋法を問わずどこにでも用いることのできるグーシェとなる。例えば、［譜例16］に示したサバーのラディーフのホマーユン旋法には同名のグーシェが存在しており、そこでは上記のハーフェズの詩とともに全く同じリズム形が奏でられている。

つまり演奏家にとってこのグーシェは、旋法や後述するように音域を問わず、どこででも同じように用いることのできるグーシェなのである。つまりこのグーシェもまた、ある明確（固有）なリズムパターンが基本形として認識され共有されているという点で、ダルアーマドのような性質とは全く異なるグーシェだと言えるだろう。

2―3　ザンゲ・ショトル zang-e shotor

引き続き演奏されるザンゲ・ショトルとは「らくだの鈴」を意味し、らくだの歩行に伴う鈴の響きを模したグーシェとされている。そこには歩行を思わせるかのようなある種の拍節感が漂っている。［譜例18］のマアルーフィのラディーフでは、［譜例17］のミルザー・アブドッラーのラディーフに

［譜例14］ミルザー・アブドッラーのラディーフ（ラ・コロン）(注4)

［譜例15］マアルーフィのラディーフ（ミ・コロン）

［譜例16］サバーのラディーフよりホマーユン旋法のケレシュメ

示されるような基本的なリズムパターンに十六分音符による装飾が挟み込まれているものの、このグーシェもまたザンゲ・ショトルとしての固有のリズム・旋律を持っていることが判る。すなわちこれまでに示した三つのグーシェは、いずれもその特徴をひとつの基本形として把握することが可能であり、その意味でダルアーマドとは異なった認識がなされるグーシェだと言える。

しかしこうした認識上の違いがありながらも、これらのグーシェは譜例からも明らかなように、固有のリズムや旋律を示しつつもすべてダルアーマドの音域を中心に支えられ、最終的にはダルアーマドのシャーヘドへと回帰するという特徴をも有していた。つまりダルアーマドが、その音楽的特徴を一つの基本形としては措定できないような基調的雰囲気・響きとして提供するのに対し、以降のグーシェはそのダルアーマドの基調的雰囲気・響きのなかで更に、より具体的な特徴を示すという関係性を両者は互いに有しているのである。しかしこの後、こうした流れに新たな変化がもたらされる。それは基調となる音域の上昇である。

3　ザーボル zābol

ザーボルとはイラン東部シスターン地方の都市名であるが、機能的にはは当該旋法のダルアーマドの三度上にシャーヘドを持つグーシェとして知られる（[譜例19〜24]）。

このグーシェの冒頭にはほぼ例外なく、ザーボルへのシャーヘドへと向かう定型句（二重四角形）

［譜例17］ミルザー・アブドッラーのラディーフ（ラ・コロン）

［譜例18］マアルーフィのラディーフ（ミ・コロン）

［譜例19］ミルザー・アブドッラーのラディーフ（ド）

［譜例20］サバーのラディーフ（ド）

［譜例21］パーイヴァルのザーボル（ド）

［譜例22］マアルーフィのラディーフ（ソ）

［譜例23］キャリミーのラディーフ（ソ）

［譜例24］ダヴァーミーのラディーフ（レ）

が導入されている。これらはどのラディーフでもほとんど変化することがない定型句である。既に述べたように楽譜上の差異は、前述したように個々人が「思い出」的記憶の中に抱いているこの定型句を実際の音として「思い出した」時に必然的に現れてしまう差異、あるいは個々の楽器や身体というハードウェア上の制約・条件によって生ずる差異として捉えられるべきである。そういう意味でこの定型句は、まさしく誰のものでもない共有フレーズのあり方――すなわち即興の度に「思い返され、言い直される」網の目の中に存在するというあり方を如実に示すものであると言えるだろう。

そして更にその後に引き続く部分の特徴も、シャーヘドを軸として動くとしか表現しようのないものである。すなわちここに示した六つのザーボルはどれもが、ダルアーマド以上に実体として措定できないあり方を示している。言うなれば「ひとつの基本形」というものが想定できない、どれもがそれ自体典型的な表れであり、そのうちのひとつが他に比べより基本に位置するなどとは言えないものである。互いに交換可能な形でパラフレーズし合っているとさえ言えようこうした共有フレーズの運用の中に、音楽家の個性というものはほとんど関わってこないのである。

こうして見てくると、このザーボルというグーシェは、実体として措定できないという意味でダルアーマドとある種の共通性を持つものであることが判ってくる。それは、チャルフという構造においてザーボルの役割がダルアーマドと同質であることを示している。つまりこのザーボルもダルアーマドと同様、以降のグーシェを音域面から支える基調的役割を担っているのである。この後現れるグーシェが、それぞれ固有のリズムや旋律を示しながらもその冒頭にザーボルへの典型的な導入部を持つという事実が、そのことを何よりもよく表わしていると言えるだろう。

4　バステ・ネガール baste negār

前述した通りこのグーシェ［譜例25、26］では、一段目の冒頭にザーボルへの導入部分が置かれた後、このグーシェ固有のリズミックな旋律（二重四角形の部分）がザーボルのシャーヘドを中心として示される。

先に示したケレシュメと同様、このような明確な特徴――特にリズム面での特徴を持つグーシェは、［譜例27］のように別の音域でも奏でられることとなる。つまりこのグーシェは、まずその固有のリズムパターンが基本の形として認識され共有されているがゆえに、グーシェの演奏順序すなわち音域の上昇という流れとは無関係に演奏することができるのである。こうした点からも先ほどのザーボルとの質的な相違――チャルフを構成する役割の有無という面からの相違が際立ってくるだろう。

ところで、このザーボル域のバステ・ネガールをより詳細に観察してゆくと、チャルフ構造についての大変興味深い点が見られる。既に述べたように、グーシェには単体でその内部に、

［序　ダルアーマド darāmad］→［詩　シェエル sh'er］→［声楽技法に由来するメリスマ的装飾パッセージ　タハリール tahrīr］→［終止句　フルード forūd］

［譜例25］ミルザー・アブドッラーのラディーフ（ド）

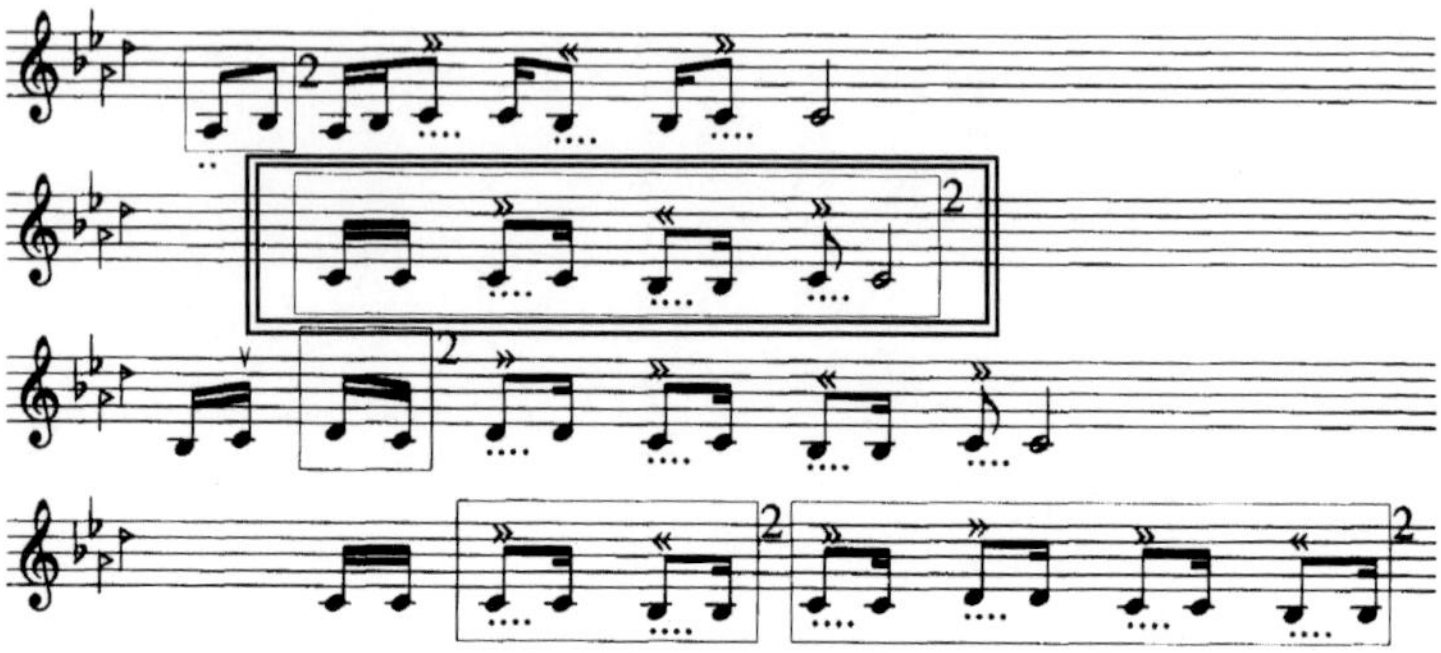

［譜例26］マアルーフィのラディーフ（ソ）

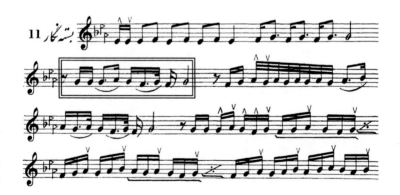

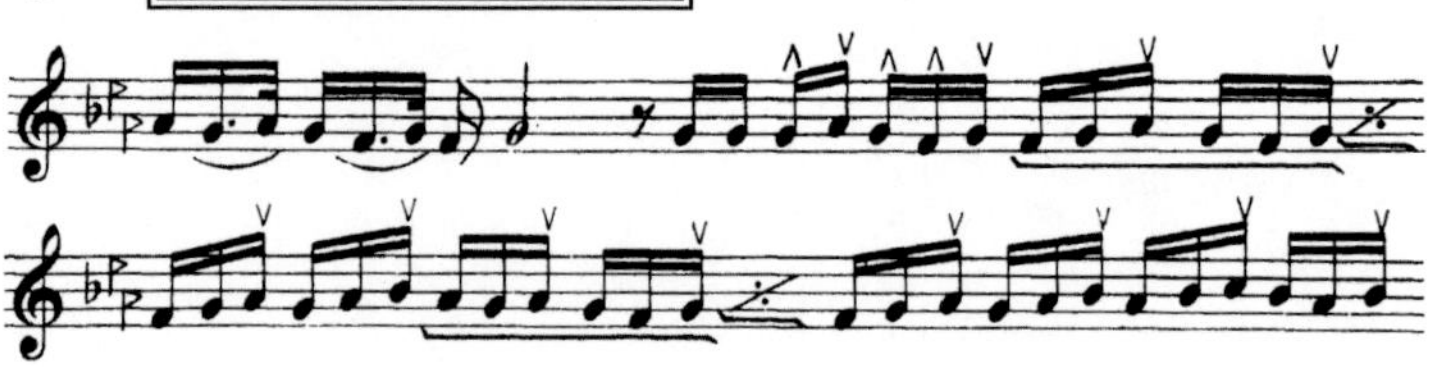

［譜例27］マアルーフィのラディーフより別音域（ド）のバステ・ネガール

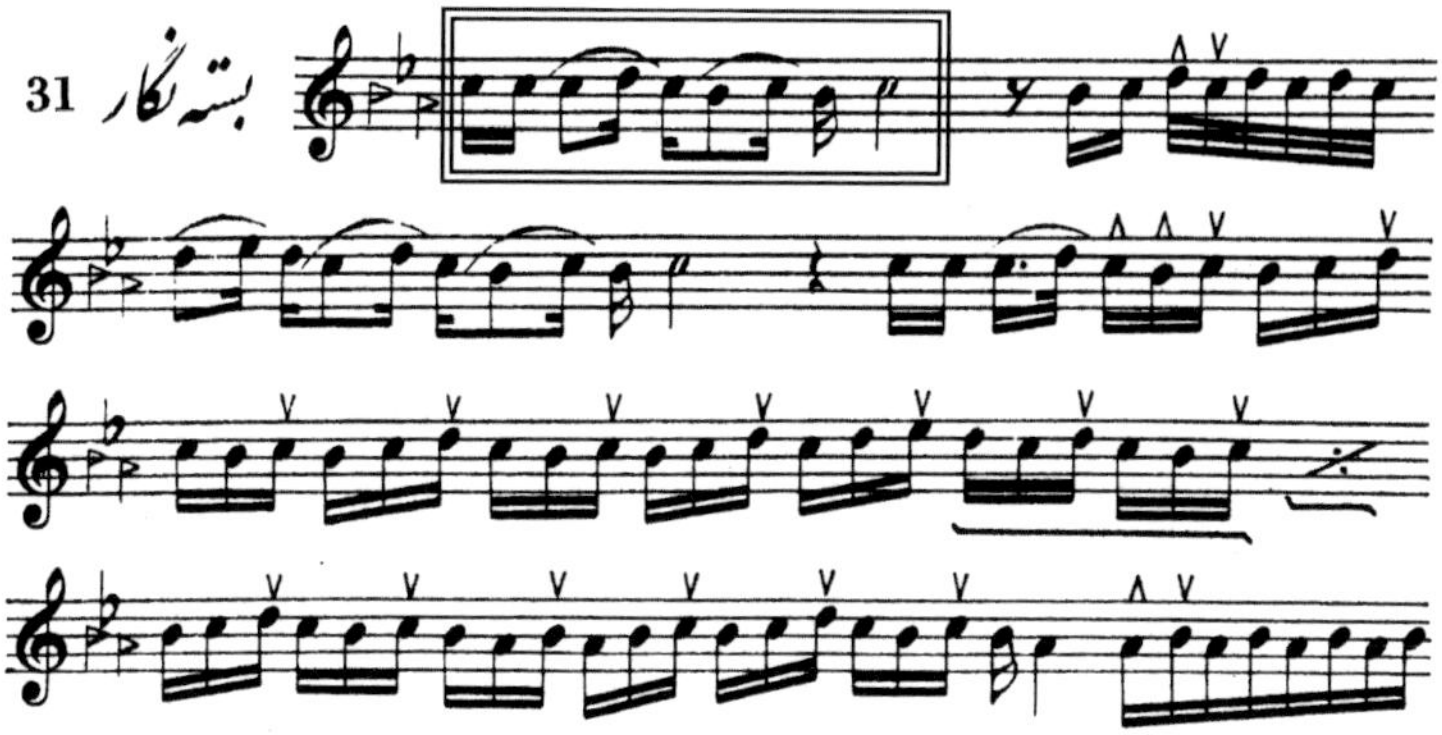

という構造がある。ここで興味深いのは、このザーボル域のバステ・ネガールの「終止句フルード」が、ザーボル自身のシャーヘドにではなく、基本的にダルアーマドのシャーヘドへと落ち着くという点である。

先に筆者は、チャルフという時間的進行構造のなかで音楽がダルアーマドからザーボルへ基調的変化を遂げたと記した。しかし上記の事例は、チャルフ内の変化がグーシェ名の変化とともに完全に切り替わってしまうのではなく、むしろ相互浸透的な形で進んでゆくことを示している。つまりザーボル（及びその影響下にあるバステ・ネガール）というグーシェは、ダルアーマドとは異なるシャーヘドや音型を独自性として示しながらも、完全にダルアーマドと無縁なわけではないのである。思えば、ダルアーマドはセガー旋法の最もオーソドックスな性格を表現する、いわばセガー旋法を代表するグーシェである。一方ザーボルはといえば、旋法内ではあくまでダルアーマドの示した音域的枠組みとの対比で、その特性が認識される存在である。そうした関係の中でダルアーマドとは、ザーボルにとってたびたび参照すべき存在としてあるのである。このようにチャルフとは、第六章で詳述するように楽譜やその目次で視覚的に認識されるような、区切りがはっきりした、独立した個別の旋律型の集積ではないのである。互いに参照し合いながら進行する、一続きの時間の流れとして捉えられるべきものなのである。

5 ムーイェ mūye

「悲嘆」を意味するこのグーシェでは、基調となる音域がさらに上昇する（［譜例28、29、30、31、32］）。音域的枠組みを提供するこれまでのグーシェと同様、その音楽的特徴は一つの基本形のような実体としては措定できない。ザーボルのシャーヘドから三度上のフラットと二度上のコロンとを絶えず強調し、適宜ザーボルのシャーヘドへと下行終止するとしか表現しようのないものである。

そして実際にこれらのフレーズは、どれもが近似したもの（交換可能なもの）であり、伝承者（演奏者）の個性がそれぞれに刻印されるというようなあり方をしているわけではない。それぞれの差異は、せいぜいパラフレーズの結果生じた差異でしかないのである。共有フレーズの運用とは、まさにそうした没個性的なあり方のことであり、だからといって否定的に捉えられるものでもないのである。演奏者はただ、どこかで聴いたようなフレーズを「思い出し」ながら、或いは記憶に留めた旋律を断片的に「そのまま」用いながら——まさしく「プロセス」としてダストガーを参照しながら——即興演奏を行なうのである。

さてこれまでにも、各グーシェがチャルフという時間的流れのなかでそれぞれどのような意味を持つのかについては繰り返し考察してきた。ここでは、このムーイェというグーシェがチャルフという構造を越えて持つ更に別の意味について考えてみることにしよう。

前述の通りこのグーシェは、ザーボルのシャーヘドから短三度上までの、かなり狭い音程の中で主要な部分が形成されているうえ、上述したように特に具体的な旋律も見当たらず、一見したところ為すべき変化には乏しそうにも感じられる。しかし実はこの「三度上のフラット」〜(3/4音)〜「二度上のコロン」〜(3/4音)〜「ザーボルのシャーヘド」という短三度内でのふたつの中立音程(3/4音)による下行の動きは、イラン音楽の中である一定の意味を有していることをここで指摘しておかねばならない。

［譜例33］に示したのは、ミルザー・アブドゥラーのラディーフよりシュール旋法のダルアーマドである。そこでは、「ソ」音がセガー旋法のダルアーマドと同様、シャーヘドとイストの機能を併せ持つこの旋法の核音となっている。注目すべきなのは、短三度上から微分音を経過してシャーヘドへと流れる、ムーイェにも見られた音の動きがそこに見られることである。ここで挙げたのはシュール旋法だが、実はこうした「短三度内の二つの中立音程」というものは、他の旋法の音階構造の中にも

［譜例28］マアルーフィのラディーフ（ソ〜シ♭）

［譜例29］キャリミーのラディーフ（ソ〜シ♭）

［譜例30］ ダヴァーミーのラディーフ（レ〜ファ）

［譜例31］ ミルザー・アブドッラーのラディーフ（ド〜ミ♭）

［譜例32］サバーのラディーフ（ド〜ミ♭）

かなり共通して見られる枠組みである。それはここで挙げたシュール旋法はもとより、シュール旋法に従属し構成音を同じくする四つの旋法（バヤーテ・トルク bayāt-e tork アブー・アター abū ʾatā ダシティ dashtī アフシャーリー afshārī）や、ナヴァー navā 旋法など広範囲にわたる。とりわけシュール系の旋法は地方の民俗音楽の中でも最も多くの割合で見られ、そうした民俗音楽からのフィードバックを少なからず受けている芸術音楽にとっても、イラン音楽の基幹を為す代表的とされる旋法である。そのことを考えるとき、ムーイェに見られた短三度内の二つの中立音程による下行は、セガー旋法内で他の旋法——ひいては他の典型的なイラン音楽のイメージ——を想起させる契機となり得る音の動きだということが判ってくる。

しかしそのためには前提として、セガー旋法として想起されるイメージが、典型的なイラン音楽としてイメージされるものとは異なっていることを例証しなくてはならない。では次にこの、典型的なイラン音楽を想起させると筆者が述べた、短三度内の二つの中立音程による下行の動きをもう少し詳しく見てゆく事で、ま

［譜例33］ミルザー・アブドッラーのラディーフよりシュール旋法のダルアーマド

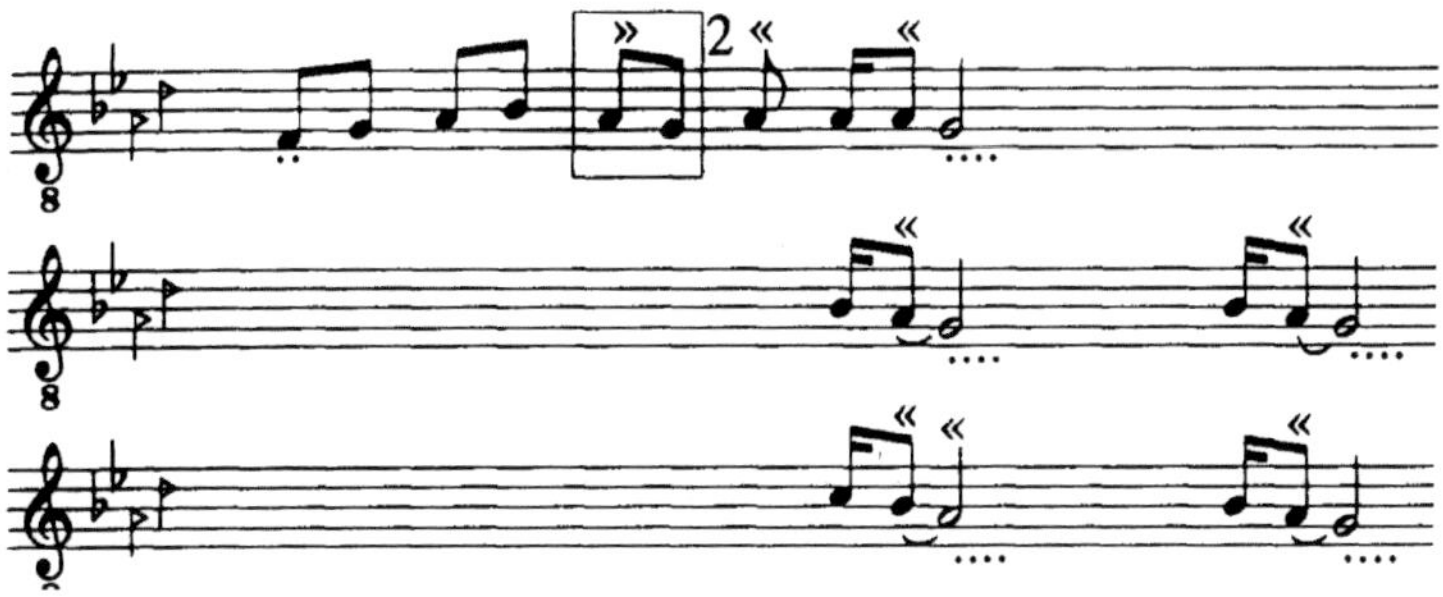

［譜例34］サバーのラディーフよりアフシャーリー旋法のアーヴァーズ

ずイラン音楽における音の動きの汎用的性格について考えてゆく事としよう。

すでに述べたように、イラン音楽の音程を考える上で最も特徴的なのは、コロン（koron 約1／4音下げる）やソリ（sori 約1／4音上げる）といった微分音の存在である。この音が音階内に存在する事でイラン音楽はその独特の雰囲気を醸し出している。しかしこうした微分音の効果は実は、それが単に音階に含まれているといった消極的な事態の中に存在するというよりは、その特質が十分に活かされるようなフレージングの中でこそ達成されているのである。

［譜例34］に示したのは、サバーのラディーフよりアフシャーリー旋法のアーヴァーズである。そこでは、アフシャーリー旋法のシャーヘドとして幾度となく強調され、安定した音として示される「ド」音に引き続き、刺繍音のように二度上の「レ（コロン）」が数回絡んだ後、また「ド」の響きへと集約されてゆく様子が見て取れる。これは典型的なアフシャーリー旋法の動きであるが、シャーヘドが微分音からのシフトという形で自らを再登場させる事でさらにその安定度を増す様子をここでは聴き取る事が出来る。つまりここでは微分音というものが、シャーヘドの持つ安定性をひき立てる、対照的なるものとして捉えられている事が判るだろう。ここで乱暴に、微分音を「不安定なもの」と一括してしまうのは確かに性急に過ぎる。ただ通常の音との対比において微分音が示すこうした機能は注目して然るべきであろう。もしかしたらそれは、「弛緩」或いは「解放」といったものへのベクトルを持つという点から、「不安定」的要素を有していると表現する事ができるかもしれない。そして微分音の持つこうした「不安定」感の解消は、通常の音への、それも下行の動きでもって達成され

ているのである。こうした観点から上記のムーイェを見た場合どうなるだろうか。

このムーイェに見られる、微分音を含んだ下行の動きも、上で指摘したような微分音の特性を如実に示すものとして捉えることができる。すなわちアフシャーリー旋法の例にあるような、「不安定」から「安定」へと向かう生理的欲求にも近い微分音の方向性が、このグーシェの動きのなかにも見て取る事ができるのである。前述したように、こうした「短三度内のふたつの中立音程（による下行）」というものは、他の旋法の音階構造の中にもかなり共通して見られる枠組みであり、言い換えればこうした微分音の特性を示す事例は、イラン音楽全体を通して枚挙に暇がない。つまり微分音というものは、基本的には後に解消されるべき「不安定」感、西洋音楽の語法を借りれば、「導音的緊張」を有するものだという認識のもとにイラン音楽は営まれているのである。

しかし一方でセガー旋法（のダルアーマド）に視点を戻してみると、そこではシャーヘドとイストの機能を兼ね持つ音、つまり旋法の核音そのものが微分音である。つまりそこで示された「不安定」さは、解放される事を予期してそこにある訳ではなく、それ自体をセガー旋法独特の安定と見なければならないところにこの旋法の特異性があるのだと言えよう。そうしたセガー旋法独特の響きのなかでムーイェの置かれている立場を考えてみると、たった短三度の枠組みが、いかに外部の大きな世界を想起させる契機として機能しているかが判るであろう。グーシェというものはひとつの旋法内で時間的な結びつき――チャルフを持つだけではなく、旋法の枠組みをも越えた双方向的な繋がりを様々に持っているのである。第四章で触れた「遊びとしてのチャルフ」も、こうした双方向的な繋がりによって可能となっているのである。

6　シェキャステ・ムーイェ shekasteh mūye

シェキャステとは「壊れた」を意味し、それ以前のグーシェに保たれていた一定の情緒を何らかの形で「壊し」、一新させる機能を持つグーシェである。ここではムーイェ内のコロンをシャーヘドとして長く強調する事で、ムーイェ本来の持つ情緒を一新してみせる。(注5)

このグーシェの特徴も、四角形で囲んだ冒頭以外は、ムーイェ内のコロンを繰り返し強調するとしか表現できないあり方をしている。むしろここでは、コロンという微分音を解決させることなく、長く引き伸ばすことによってもたらされる独特な雰囲気それ自体が目的となっているのである。それゆえこのグーシェの即興演奏には、その独特な雰囲気を確実に出すこと――コロンを長く引き伸ばすこと――だけがまず優先事項として求められるのである。そこには決して、マンネリズムとか新鮮味に欠けるといったような評価の視点は存在し得ない。そういう意味ではこのグーシェもまさに共有フレーズのあり方を如実に示していると言えるだろう。

［譜例35］キャリミーのラディーフ（ラ・コロン）

［譜例36］ダヴァーミーのラディーフ（ミ・コロン）

7　モハーレフ mokhālef

モハーレフという言葉が「反対の」や「対立する」といった意味を持つ通り、このグーシェはシェキャステ以上の強い意味でもって、当該旋法の持つ情緒と「拮抗する」強烈な個性を持つ。その個性は、これまでの様に単にシャーヘドやイストの音高が上昇する事だけでなく、それまでのグーシェの音階にない音を独自に持つ事で生み出される。

［譜例37〜42］から明らかなようにこのグーシェのシャーヘドは、ザーボルより更に四度上昇した所にある。さらに注6、8、9で示したふたつの変化音ゆえに、このグーシェにはもうダルアーマドの面影は感じられない。このグーシェが時にオウジ（ouj 頂点）とも表現されるのは、単に音域的に頂点に位置するからだけではなく、一連のグーシェによる段階的な音域の上昇によって支えられてきた盛り上がりが、こうしたモハーレフ独自の強烈な個性でもって、ここで一気に頂点へと達するからである。またこのグーシェは、セガー旋法を離れて単独でもしばしば演奏される事がある。これもモハーレフの個性が、セガー旋法という属性とは別に単独で人々に認識されていることの証だと言えよう。

こうした強烈な個性を持つモハーレフではあるが、そこに唯一の基本形として措定できるような、例えばケレシュメほどの固定的な音楽があるかと言えばそうではない。典型的な動きとして指摘でき

［譜例37］ミルザー・アブドッラーのラディーフ（ファ）(注6)

［譜例38］サバーのラディーフ（ファ）(注7)

［譜例39］パーイヴァルのラディーフ（ファ）

［譜例40］マアルーフィのラディーフ（ド）（注８）

［譜例41］キャリミーのラディーフ（ド）

［譜例42］ダヴァーミーのラディーフ（ソ）（注９）

［譜例43］マアルーフィのラディーフより
ダルアーマド域のケレシュメ（上）とモハーレフ域のケレシュメ（下）

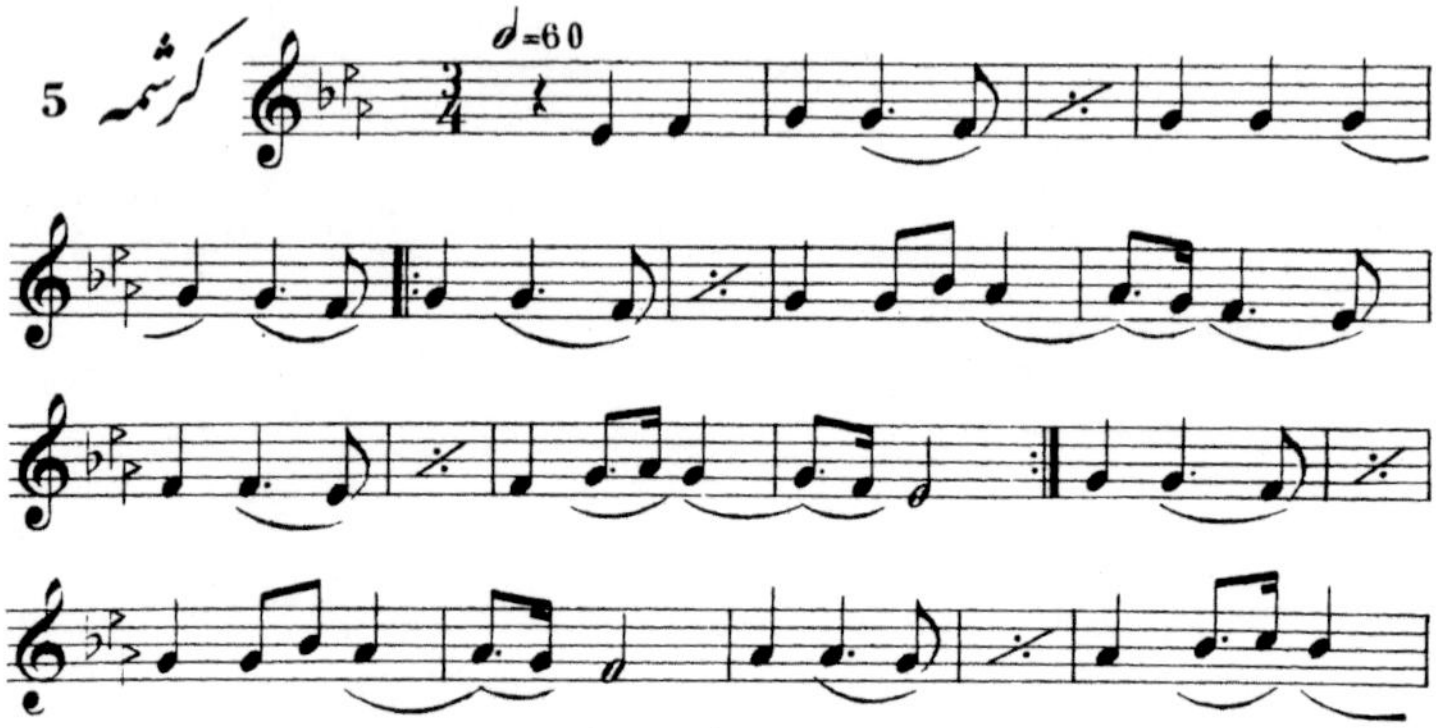

［譜例44］ サバーのラディーフ（ファ）

［譜例45］ ダヴァーミーのラディーフ（ソ）

［譜例46］ミルザー・アブドッラーのラディーフ（ファ）

［譜例47］マアルーフィのラディーフ（ド）

［譜例48］ミルザー・アブドッラーのラディーフ（ファ）

るのは、シャーヘドへと向かう方向性や、その三度下のコロンへの一時的な終止（イスト。上記譜例中の二重四角形）などだけである。しかしこのグーシェは前述したように、それまでのグーシェとはかなり構成音が異なっているがゆえに、シャーヘドへと向かう方向性だけでもはっきりそれと認識することが出来る。そしてそのシャーヘドへの「向かい方」も、上記の六つのラディーフ中のフレージングが互いに類似していることからも判るように、共有フレーズの使い回し――パラフレーズによって達成されているのである。

そしてそのようなあり方をするモハーレフはやはり、ダルアーマドやザーボルのように後に続くグーシェを音域面から支える、基調的役割を持つグーシェなのである。その証拠に、これまでにも登場した、特にリズム面で特徴を持つグーシェは、再びこのモハーレフの音域においても登場してくる。例えばダルアーマドの音域で奏でられたケレシュメは、［譜例38］のサバーのラディーフでは四段目から現れているし、［譜例43］に示したようにマアルーフィのラディーフにおいては、新たに独立したグーシェとして置かれているのである。

また、ダルアーマドの音域で奏でられたザンゲ・ショトルには、これまた「らくだの鈴」を思わせる全く別の旋律が存在するのだが、それらは［譜例44・45］のようにモハーレフの音域にて奏でられるのである。ちなみに［譜例46］のミルザー・アブドッラーのラディーフでは、モハーレフ音域での同じ旋律（ザンゲ・ショトル）がナグメという名称で奏でられる。

ザーボルの音域で奏でられたバステ・ネガールもまた、固有のリズミックなフレーズ（二重四角形）

をモハーレフの音域にて再現する（［譜例47、48］）。なお［譜例48］の三段目まではモハーレフへの導入部）。

こうした例から明らかなように、ケレシュメやザンゲ・ショトル、バステ・ネガールといったグーシェは、ある明確（固有）なリズムパターンや旋律がまず「基本の形」として認識され共有されているがゆえに、モハーレフをはじめダルアーマドやザーボルといった「基本形が措定できない――チャルフという流れの中で基調的役割を果たす」グーシェのそれぞれの音域的枠組みの中で、チャルフとは無関係に登場し得るのである。そしてこれこそが、基本形が措定できるグーシェと出来ないグーシェとの標準的な関係なのである。

8　ハジー・ハサニー haji-hasanī［譜例49、50］

このグーシェに終始観察される二重四角形内の動きが、このグーシェをハジー・ハサニーたらしめる動きである。先に筆者は、基本形が措定できるグーシェと出来ないグーシェとの標準的な関係について言及したが、それは言い換えれば、ハジー・ハサニーにもしこの二重四角形内の動きが見受けられなくなるなら、その時点でモハーレフとの識別が困難になってしまう――そのような両者の関係のことなのである。

［譜例49］ミルザー・アブドッラーのラディーフ（ファ）

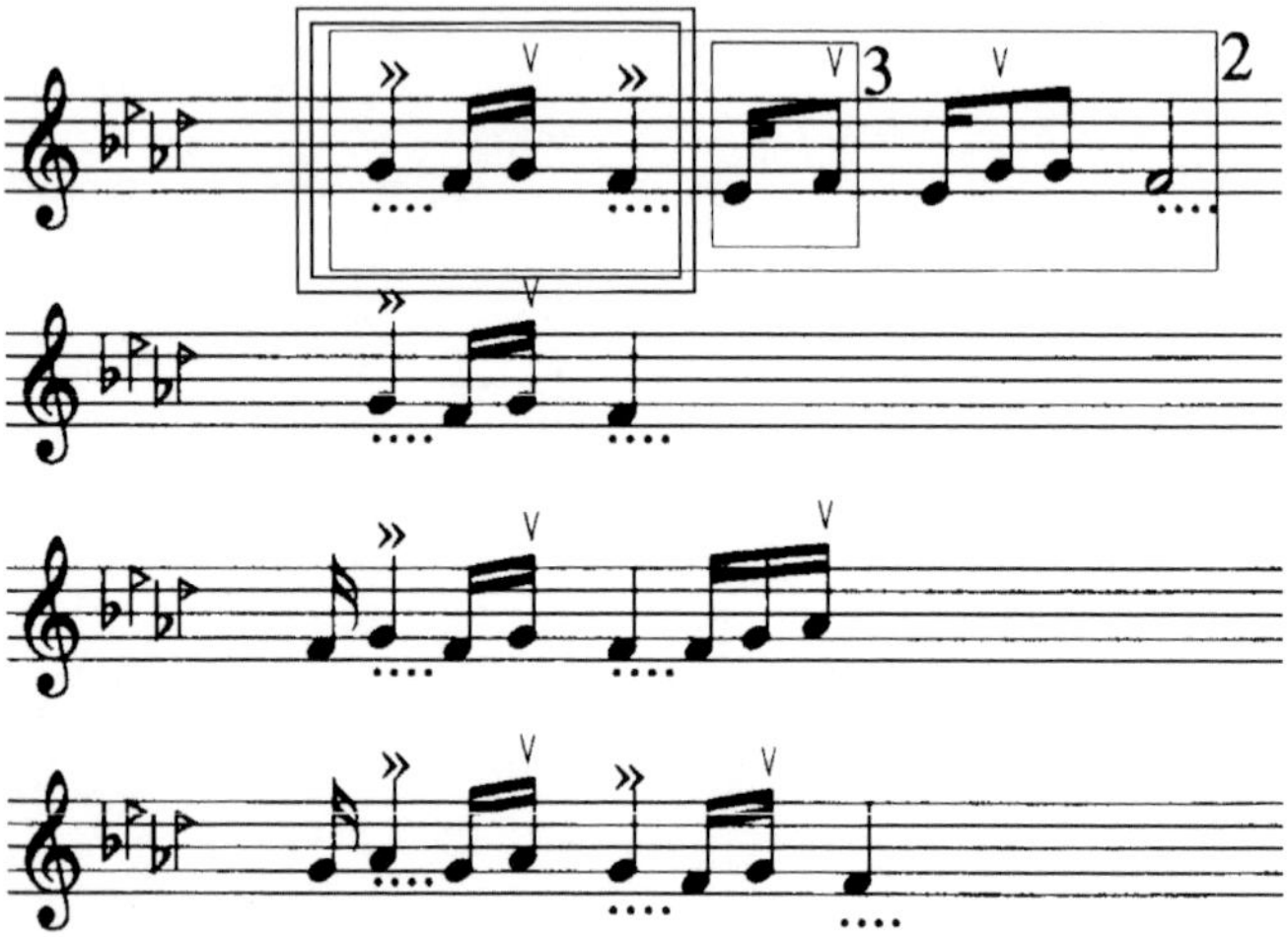

［譜例50］マアルーフィのラディーフ（ド）

9　マグルーブ maghlūb［譜例51〜55］

このグーシェは基本的にモハーレフの後に位置する。モハーレフでフラットへと変化していたモテガイイェルはオクターブ高い音域のまま再びコロンとなり、ダルアーマドの終止句にも見られたような、三度下から上行する音型が登場する（二重四角形）。つまりこの動きは、オクターブ高いとはいえ、モハーレフ的な雰囲気から突然ダルアーマド的な雰囲気へと回帰したかのような印象を与えるという意味で、チャルフ内のこの「場所」においてとりわけ印象的に響くのである。

つまりマグルーブの旋律がもたらすそうした印象は、チャルフ内の「モハーレフ後（あと）」というこの位置で演奏されることと分かち難く結びついているのである。そしてそのことから導き出せるのは、そうした印象の再現こそが、このグーシェの即興演奏にもまず求められているということである。そこで演奏家はその要請を、それぞれに個性を発揮して達成するのではなく、マグルーブとして共有されているフレーズを「当てはめる」ことで達成してゆくのである。演奏家が共有フレーズを当てはめている様子は、以下の各譜例（［譜例51〜55］）にそれほど違いがないことを見ても明らかである。

更には冒頭のフレーズだけではなく、このマグルーブの旋律は全体にわたってかなり定型化しているものだと言えるだろう。二重四角形で示した冒頭の旋律に引き続き、再び三度下の音へと一時終止すること（楕円部分）、その後上行と下行からなる旋律が繰り返されること（二重楕円部分）など、こ

［譜例51］キャリミーのラディーフ（ミ・コロン）

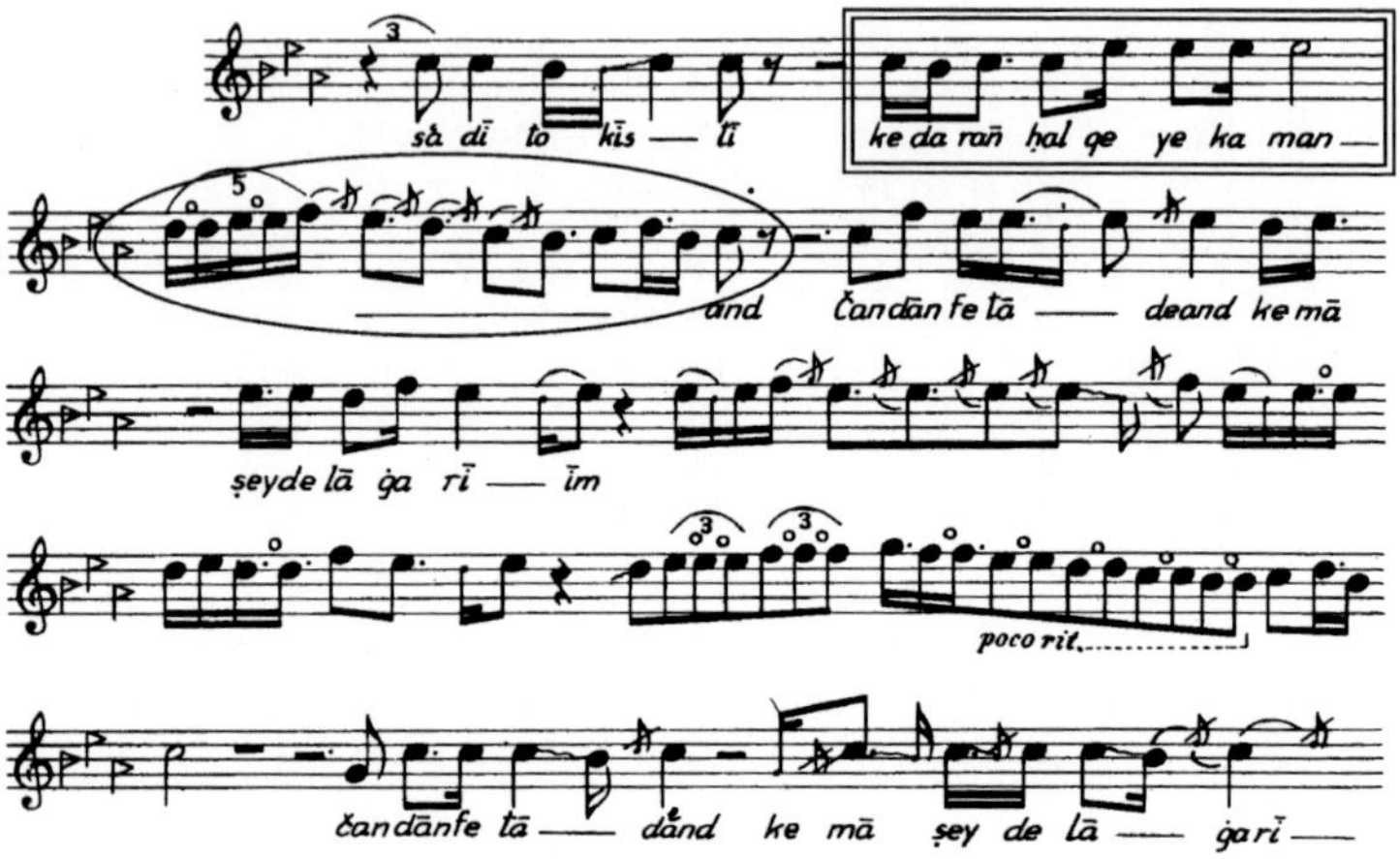

［譜例52］マアルーフィのラディーフ（ミ・コロン）

［譜例53］サバーのラディーフ（ラ・コロン）

［譜例54］ミルザー・アブドッラーのラディーフ（ラ・コロン）

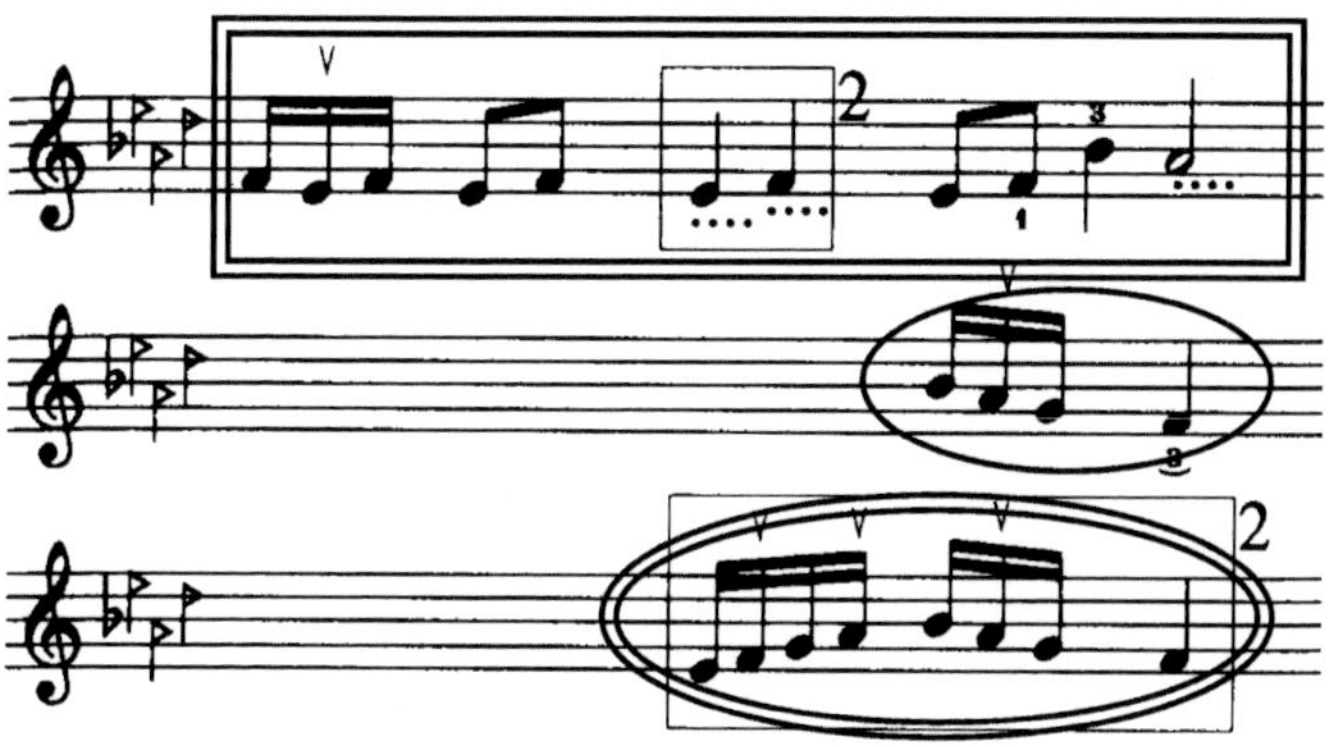

［譜例55］ダヴァーミーのラディーフ（シ・コロン）

こではどれもが決まり文句として流通しており、没個性的に共有フレーズを「当てはめる」ことで即興が行なわれている様子がよくわかるだろう。

10　ハズィン hazin～フルード forūd

前述のマグルーブはダルアーマドの構成音へと一時的に復帰するものの、チャルフ全体の構造から見れば、未だモハーレフの流れは引き続いている。そしてそこでは前述のハジー・ハサニーなどと同様、モハーレフを基調とした枠組みのなかで、リズム的な特徴を有する旋律型が「挿入」されることがある。例えばハズィン（悲痛な、の意）と呼ばれる、同じ音が七・八回程、その速度を急速に緩めながら繰り返される特徴を持つ音型は、［譜例56、57］のふたつのラディーフにおいて、チャルフ内のこの位置に「挿入」されている。

ここで見られるハズィンの動きは、モハーレフと同様のシャーヘドを軸として上下行を繰り返し、三度下のコロンへと一時的に終止するというものである。つまりこうした挿入句は、「挿入」句であるが故に、挿入先の音楽的基調に合わせた形で演奏されるのである。

そしてこうしたグーシェは、「挿入」句であるがゆえに必ず演奏しなければならないという義務的なものではない。それは本章で取り上げた六つのラディーフ中、ハズィンが見られるのがふたつしかないことからも判る。つまりチャルフという流れとは無関係に挿入し得るグーシェは、なくとも構わ

［譜例56］ミルザー・アブドッラーのラディーフ（ファ）

［譜例57］マアルーフィのラディーフ（ド）

［譜例58］キャリミーのラディーフより
「モハーレフ・ベ・マグルーブ」グーシェ後半に見られるフルード（ドからミ・コロンへの下行。その過程でシ・コロンはシ・フラットへと回帰—〇印）

ないものなのである。しかし一方チャルフそのものを構成するダルアーマド、ザーボル、ムーイェ、モハーレフなど、第三章の［表1］で挙げたグーシェは省くことが許されないグーシェなのである。先に述べたような、基本形が措定できるグーシェと出来ないグーシェというような表現の仕方からは、あたかも後者を劣性として評価しているかのような印象を与えてしまうが、本当に重要なのはまさに後者のような、基本形として措定できない、しかしある一定の基調的雰囲気でもってチャルフを構成するグーシェの方なのである。

さて、モハーレフを基調とする音の動きの中に、次第にモハーレフへの方向性が失われ始め、旋律はやがて下行の傾向を示しだす。その過程で、モハーレフにて変化していたふたつのモテガイイェルは順次ダルアーマドの構成音へと戻り、セガー旋法（ダルアーマド）の基調的響きへの準備を始める（［譜例58～63］）。しかしこうした「音域の下行」や「ダルアーマドの構成音への回帰」という動きも実際には、定型句を当てはめることによってなされることのほうが多いのである。

［譜例59］マアルーフィのラディーフより
「ハズィン」から「ホザーン」グーシェにかけて見られるフルード（ドからミ・コロンへの下行。その過程でシ・コロンはシ・フラットへと回帰―○印）（注10）

［譜例60］ミルザー・アブドッラーのラディーフより
「ハズィン」グーシェ後半に見られるフルード（ファからラ・コロンへの下行。その過程でミ・コロンはミ・フラットへと回帰―○印）（注11）

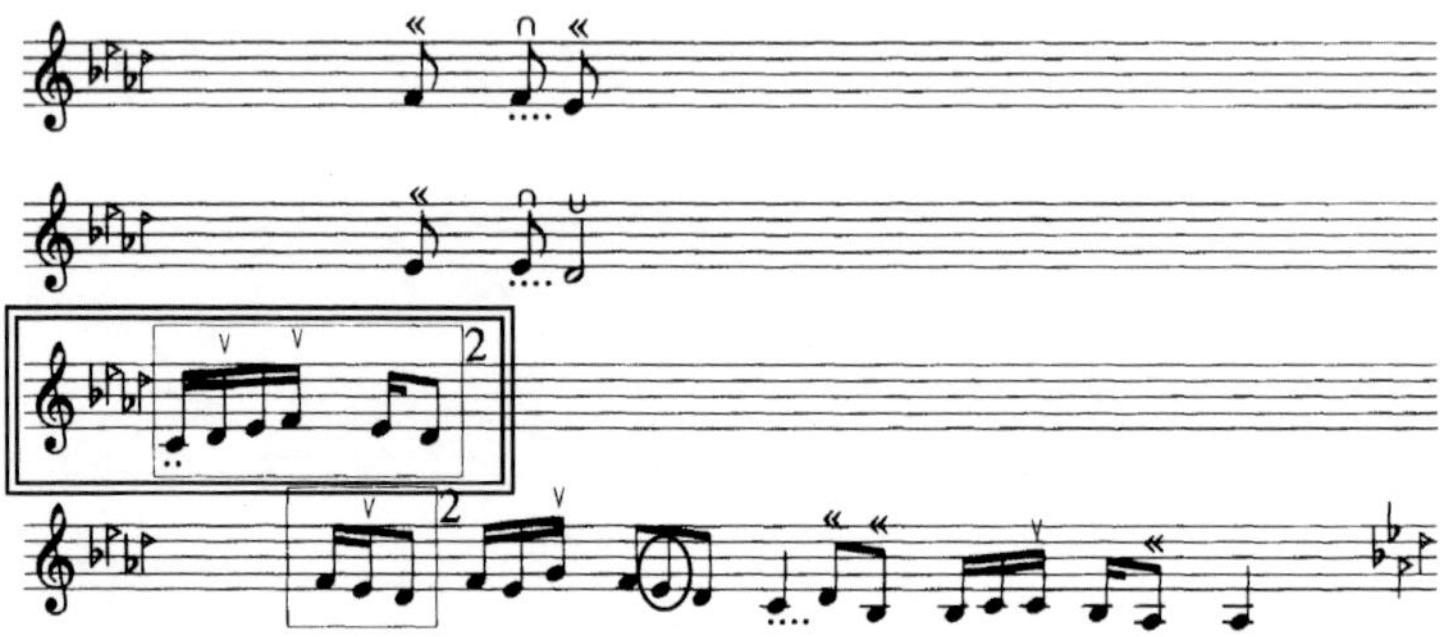

［譜例61］サバーのラディーフより
「マスナヴィーイェ・モハーレフ」グーシェ後半に見られるフルード（ファからラ・コロンへの下行。その過程でミ・コロンはミ・フラットへと回帰―○印）

［譜例62］パーイヴァルのラディーフより
「マグルーブ」グーシェ後半に見られるフルード（ファからラ・コロンへの下行。その過程でミ・コロンはミ・フラットへと回帰―○印）

ここで共有されている典型的なパターンは、［譜例58〜61］の四つのラディーフに顕著に見られるように、二重四角形内のフレーズを契機として音楽が次第に音域を下げてゆく中で、モハーレフで変化していたモテガイイェルが元の音へと戻るという動きである。［譜例62］のパーイヴァルと［譜例63］のダヴァーミーのラディーフについては、典型的なパターンとは言えないものの、それもダルアーマドの場合と同様、決してこのふたつが変則的であるという事ではない。それは、「旋律が下行してゆく中で、ダルアーマドの構成音へと戻る」というイメージの別の表れかたに過ぎず、それを奏でる演奏家の個性として認識されるというよりは、それも「どこかで聴いたことのある響き」として認識されるパラフレーズ的営みの範疇に留まるものなのである。

こうした一連の動きはフルード（降下、の意）と呼ばれる。それまでのグーシェが、次第にその音域を上昇させてゆく中でセガー旋法内の諸相を示す一方で、結果上昇しきった音域、変化の極みを尽くした音楽を本来基調となる雰囲気へと回帰させる役割を担うもの、それがフルードなのである。ひとつの旋法が持つ、こうした変化と収束のスキームから見れば、フルードは必要不可欠な要素であり、このフルード無しにはひとつの旋法は完結しないのである。

そしてここでもう一度確認しておきたいのは、これほど重要な役割を果たすフルードが、名目上ハズィンなど他のグーシェの中に組み込まれているという点である。すなわち第四章で述べたように、このフルードとは、チャルフという「ひと続きの廻り」を前提とした感覚のなかでは、必ずしも独立した名称として現れる必要がないほど自明なものなのである。

[譜例63] ダヴァーミーのラディーフより
「マスナヴィーイェ・モハーレフ」グーシェ後半に見られるフルード（ソからシ・コロンへの下行。その過程でファ・ソリはファ・ナチュラルへと回帰―○印）(注12)

[譜例64] ミルザー・アブドッラーのラディーフより別種のムーイェ

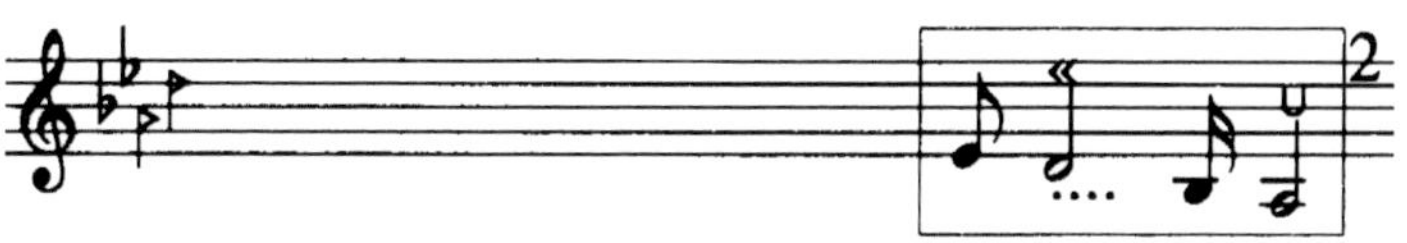

そしてその「自明さ」とは、彼らの感覚に沿って言い換えるなら、いつどこで何を演奏していようとも（演奏のどの瞬間であっても）、常にフルードというものが、非常に微細なレベルであっても意識されている――そのような感覚のことなのである。例えばそうした感覚のもとでは、次に示す譜例のような、たった二音にさえフルードを感じることが出来るのである。

［譜例64］はハズィンの後に置かれている、別種のムーイェである。このたった四音の至極簡潔な形の中にさえ、前半の二音にムーイェ（シェキャステ・ムーイェ）、そして後半の二音にフルードの機能を見て取る事ができるのである。そして更に言えば、このたった二音の中にフルードそしてセガー旋法の終止感を感じ取ることが出来るかどうかが、イラン音楽（チャルフ観）に対する鋭敏さを計るバローメータとなっているとも言えるのだ。

11　ホッディ・オ・パハラヴィ hoddī o pahlavī

フルードの後に位置するこのグーシェは、ダルアーマドの音域にてその音楽を開始し、ファウーロン fa'ūlon（短長長）と呼ばれる詩脚のリズムをその根底に持ちつつ比較的共通した旋律線を示しながら、短いタハリール（四角形の部分）を伴って終止する（［譜例65、66］）。

後半では一転してモハーレフの音域が、ファウーロンのリズムを更に明確にしながらその姿を現す。しかしそれもつかの間、急速にフルード（四角形の部分）を挟みながら、再びタハリールを伴って終止する（［譜例67、68］）。

このグーシェは、単独でありながらこれまでのグーシェの要素もちらほらと顔を覗かせる程、幅広い動きを有している。そしてその幅広さとは、チャルフ全体の流れを踏襲することによって生み出されているのである。従ってこのグーシェを即興演奏するものの念頭にあるのは、このグーシェを緩やかに特徴付けるファウーロン fa'ūlon（短長長）のリズムもさることながら、まずこうしたチャルフの流れ全体に対する、俯瞰的視点なのだと言えるだろう。

これまでの分析からも明らかなように、グーシェはその性質によって大きくふたつに分類することが出来る。ひとつは、チャルフを構成するための基調的役割を各々に持つグーシェであり、もうひとつはグーシェそのもののリズムや旋律が単独でその特徴となっているグーシェである。

前者の「チャルフを構成するための基調的役割を各々に持つグーシェ」とはすなわち、第三章の［図1］で示した「ダルアーマド」「ザーボル」「ムーイェ」「モハーレフ」（「フルード」）といったグーシェであった。これらのグーシェは、セガー旋法の低音域から高音域に向かって、それぞれのシャーヘドを中心とした固有の音域的枠組みを、時間的流れに沿いながら示してゆく。イラン音楽の旋法が、グーシェを音域上昇という形で次々に示す事でその姿を明らかにするという性格を持つ以上、これらのグーシェはそれぞれがひとつの旋法を構成する上で欠かせない、最低限必要なグーシェとしてその順序とともに認識されるものである。

［譜例65］サバーのラディーフ（ラ・コロン）

［譜例66］キャリミーのラディーフ（ミ・コロン）

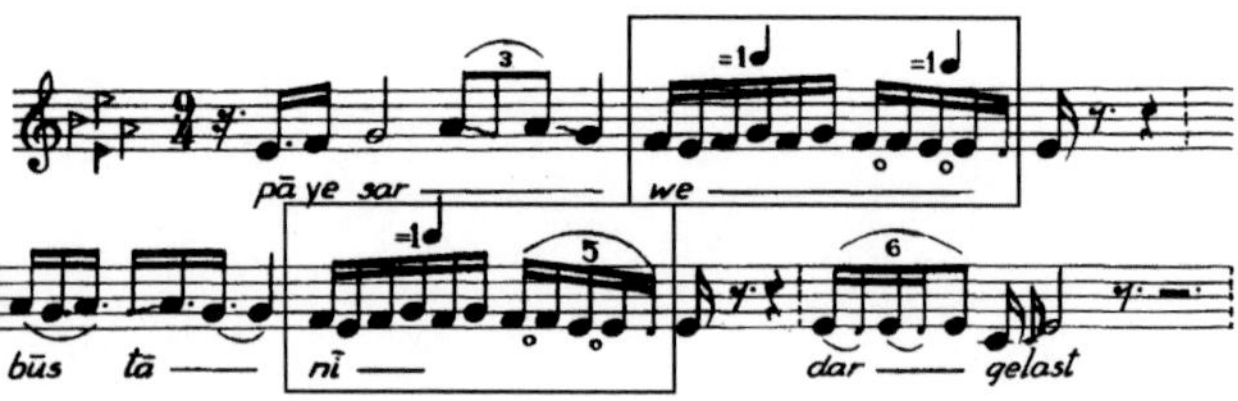

［譜例67］サバーのラディーフ（ファからラ・コロンへの下行。フルードでミ・コロンはミ・フラットへと回帰）

［譜例68］キャリミーのラディーフ（ドからミ・コロンへの下行。フルードでシ・コロンはシ・フラットへと回帰）

一方、後者の「グーシェそのもののリズムや旋律が単独でその特徴となっているグーシェ」とは、前者のグーシェの音域を基調としながらそこに固定されたリズム、旋律を持つグーシェのことである。比較的固定されたリズムを持つグーシェとしては、「ケレシュメ」「ザンゲ・ショトル」「バステ・ネガール」「ハズィン」があり、また比較的固定された旋律を持つグーシェとしては、「ナグメ」「ハジー・ハサニー」があった。分析でも指摘したようにこれらのグーシェは、その「固定されたリズム、旋律」が失われると自動的に前者のグループへと集約されてしまう立場にある。つまりそうした「固定されたリズム、旋律」によってそのアイデンティティが保持されているグーシェだといえよう。そしてそのことが逆に言えば、どのような音域・場面においてもその特徴をそれほど変容させる事なく奏でられるという、いわば挿入的とも呼べよう特徴をもたらしていることは既に指摘したとおりである(注13)。

第二章を除きこれまで本書が一貫して着目してきたのは、前者のグーシェである。すなわち、「ダルアーマド」「ザーボル」「ムーイェ」「モハーレフ」「フルード」間の繋がり――チャルフという関係性に対する視点こそが、音楽家がダストガーというモデルやひいては即興をどう捉えているのかを解明する手掛かりだと考えているのである。「挿入的」なグーシェ――すなわち他と関わりあうことなく単独で存在できるグーシェとは異なり、これらのグーシェ群こそが、これまであまり顧みられてこなかった、しかし音楽家たちのなかではリアルに感じられてきた旋律型間の進行・接合美といったものを体現しているのである。その証左に、セガー旋法を締めくくる最後のグーシェ、レンゲ・デルゴ

［譜例69］ミルザー・アブドッラーのラディーフの冒頭（ラ・コロン）

シャー reng-e delgoshā ではこれまでの主要なグーシェの要素がすべて順序通りに現れ、いわばセガー旋法全体の縮図といった様相を呈している。

12 レンゲ・デルゴシャー reng-e delgoshā（楽しい、爽快なレング）

レングとは舞曲のことで、ラディーフ内ではひとつの旋法を締めくくる役目を持つ。つまりこのグーシェはセガー旋法の最後を飾るフィナーレなのである。レングは通常四分の三拍子のヘミオラを含む八分の六拍子である事が多いが、ここで奏でられるのは四分の二拍子である。

［譜例69］のフレーズはレング全体を通して周期的に現れ、セガー旋法の基調的響きを絶やす事がない。こうした役割を持つ二小節或いは四小節単位のフレーズをパーイェ（pāye 土台・基礎、の意）という。このグーシェは、パーイェを基調としながらこれまでの主要なグーシェの要素が順にすべて顔をのぞかせる、いわばセガー旋法全体の縮図

[譜例69－d] ダルアーマドの部分（ラ・コロン）

[譜例69—z] ザーボルの部分（ド）

[譜例69－mu] ムーイェの部分（ド～ミ♭）

［譜例69－mo］モハーレフの部分（ファ）

［譜例69－f］フルードの部分（ファからラ・コロンへの方向性）

とも言えよう構造を有している。(注14)

ここでは省略したが［譜例69］以外にも、マアルーフィやパーイヴァル伝承のラディーフのレングにも全く同様の構造が見られる。すなわちイラン音楽の即興とは、いかにそこに音楽家の自由が保障されているかのように担い手が発言しようとも、実際にはこうした言語化されないレベルでの「制約」が深く横たわっているのである。

ブルーノ・ネトルは、様々な音楽文化による即興演奏における制約や決まりごとの度合いを、density（濃度・密度）という言葉で表現し、それぞれの相対的比較を試みている（Nettl 1974:13)。こうした試みについては、具体的な音響として措定できる制約とチャルフのような関係性としての制約という、質的に異なるものを果たして同一線上で「濃度・密度」として測れるのかという疑問は残るものの、ネトル自身はそこでイラン音楽の制約の密度を比較的高いものとして扱っている。そして本章において繰り返し述べてきたように、チャルフのような構造面からの制約や、共有フレーズの使用という点からすれば、確かにネトルが言うようにその拘束度は高いと言えるのである。

しかし問題の本質は、彼らがそれを制約というような否定的なニュアンスで捉えているわけではないという点にある。むしろ彼らはそうしたチャルフという流れを、パラフレーズによって再生産することに喜びを見出しているのである。本章の目的とは、まさにそうした共有フレーズの運用のあり方――パラフレーズ性――の実態を、六人の音楽家からの豊富な事例をもとに、より具体的に浮き彫りにすることだったのである。

第六章　即興を学ぶコンテクストの変容

——「書くという精神構造」がイラン音楽の営みに及ぼした影響

はじめに

既に述べたように、かつてイランでは音楽は口頭で伝承されてきた。しかし西洋音楽の導入に伴い、現在では記譜法として五線譜が完全に定着し、五線譜化されたラディーフや教則本は様々なかたちで伝統音楽の教習に活用されている。このような変化は、音楽における「近代化」の問題として捉えることができるだろう。明治期の日本における西洋音楽の導入と同様に、イランにおいても「音楽の近代化」は、伝統音楽の分野に西洋音楽の思考や教育手法を様々な形でもたらした。例えば上記のように本来口伝えであった音楽の伝授には五線譜が導入され、また伝統的な旋律型の伝承のみを目的としていた音楽教授の現場では、技術的な鍛錬を目的とした「練習曲」の概念が導入されてゆくこととなる。

本章の目的は、このような「音楽の近代化」の問題を、伝統音楽の教習に内在してきた教育観や知識観の変容という観点から考察することである。言い換えれば、これまでその「声の文化」的側面についいて様々に考察してきたイラン音楽を、テクスト文化の影響――「書くという精神構造」の影響——という観点から考えてみたい。後述するようにイラン伝統音楽の教習は、例えば日本舞踊の世界と同じく、舞踊のイロハを段階的に教えるのではなく、師匠の示す「形」だけをまず模倣すべしというような徒弟制的な教育システムの中で行なわれてきた。つまりそれは、師匠の生活を弟子が間近で観察できるという徒弟制でしかなかなか得ることができない「気付き」こそが重要であるという「状況（文脈）依存的」ななかで行なわれてきたのである。

しかし、音楽の視覚化（五線譜の導入）によって登場した『タール教本』（一九二一）などの教則本は、このような教習のあり方を大きく変化させることとなる。例えばそこでは、五線譜による微分音表記・「練習曲」概念の導入・西洋風アレンジ・より弾きやすい楽器の構え方などの改革が盛り込まれ、それまでの、師匠の模倣に専念するなかから自ら問いを立ててその答えを各自で模索するというような徒弟制的教育に、より具体（直接）的で体系的な指導という近代教育的な意味での知識の伝授段階をもたらすことになるのである。

本章では、こうした徒弟制的な教育実践の背後にある「教えること」「学ぶこと」についての捉え方——すなわち知識観・教育観——が、「五線譜」「練習曲」という方法論やそこに内在する近代教育の考え方、更には「書くという精神構造」によってどのように変化していったのか、そしてそのことによって音楽に如何なる変化がもたらされたのかを考えてゆきたい。そこで次節ではまず、そもそもイラン伝統音楽の教習がいかなる知識観・教育観のもとに行なわれていたのかを見てゆくことにしよう。

1 「状況依存的」に体得される知

オングによれば、声の文化における知識とは常に「状況依存的」（オング 一九九一：一〇七）なものであったという。つまり知識というものは本来「人間的な生活世界に密着した形」（同書：九四）で存在していたという。ここで思いおこされるのが、かつてイランにおいて師匠に師事するという事が、師匠と弟子が生活を共にすることだったということである。タール・セタール奏者のホセイン・アリザーデは自らの修行時代を次のように回想して言う。

かつて師匠と弟子の関係は、レッスンのときだけ一緒にいるというのではなく、それ以外の時間も常に行動をともにするというような、友人のような間柄だった。（個人的インタヴュー、二〇〇二年七月一八日）

つまり、弟子が師匠から何かを学ぶというのは、日々生活をともにするなかで「観察し盗む」というコンテクスト以外ではありえなかった。そこでは決して、具体的な指導だけが突然浮かび上がるような形で取り出される事はなかったのである。とはいえ、それは決して具体的な指導の不在を意味しているのではない。それはむしろ、具体的な指導の有無の問題ではなく、仮に具体的な指導があったとしても、その指導の本質的な意味というものを学習者に知らしめる機会が、具体的な指導以外のところに溢れていたということなのである。

第一章において筆者は、伝承現場において固定的に習得されたラディーフが、いかに実際の即興演奏を規定しているのかということを明らかにするために、ラディーフの固定性に対する学習者の認識の変化を、習熟段階ごとに分けて記述した（第一章第三節）。そこで明らかとなったのは、師匠から固定的に教授された旋律型は、師匠の前のみで修行を重ねる限りは、いつまでたっても固定的なテクストでしかないということである。しかし伝承の場「以外」で他の音楽家の実践を見ることによって、学習者にはそうしたテクストを現前させているところの「チャルフ」が見えてくる。つまり実際の即興演奏を可能にする「チャルフ観」というものは、そうした、師匠の面前ではない、旋律型の習得「以外」の場での経験によって獲得されるのである。

このような、師匠の伝授するラディーフをただのテクストとしてのみ捉えるのではない、「チャルフ観」の体得を目的とするラディーフの習得――即興演奏のための積極的な意味を見出しながら行なうラディーフ習得――は、実際の即興演奏を実践している音楽家社会全体に対する着目によってこそ促される。つまり弟子が師匠の前で旋律型そのものを学ぶことそれ自体は、不可欠なプロセスではあるものの、そのこと自体が即興演奏を可能にしているわけではないのである。アリザーデが指摘するように、師匠と行動を共にする弟子たちは、伝承の場「以外」での、師匠の一音楽家としての行動をつぶさに見ることによって、伝承される旋律型そのものの意味・意義を理解してゆくのである。

『「わざ」から知る』などの著作で知られる生田久美子は、こうした徒弟制の教育的意義について様々に説明を試みるなかで、徒弟制と学校教育との違い、つまりそうした形態上の違いを生じさせているところの根本は、知識観・教育観の違いである、と指摘している（生田 二〇〇一）。つまりある知識を、その有用性（意義）や使い方というものも含めて、それだけを抽出して教えることができるという考え方に近代教育が立脚しているのに対し、徒弟制においては、ある「形」は伝授されるものの、それを具体的にどう（例えば即興演奏に）もちいるのか、そして即興演奏に用いる上での意味そのものが教えられることは決してなく、それは伝授「以外」の場で、師匠の或いは師匠が属する社会の実践を学習者が「主体的に」観察し盗むことによって個々人が獲得してゆくものとして捉えられる。つまりこのプロセスは、知識として個別に「取り上げ」られる（切り取り可能な）、教授可能な「モノ」ではないのである。第三章で引用したマーガレット・ケイトンを初めとした数々の研究者は、「即興演奏の芸術というものは通常、単独で教えられるものではなかった」（Caton 2002:141）などと言うが、つまりその根底にあるのは、徒弟制と学校教育との、知識観・教育観の違いなのである。言い換えれば研究者らが抱いた「教えられるかどうか」という切り口自体が、そもそもテクスト文化（近代教育）の視点なのである。

こうした、教授可能な「モノ」ではない、知識として個別に「取り上げ」られない（切り取ることが出来ない）プロセス――そうしたプロセスをこれまでの研究はややもすれば、即興演奏は「自然に」習得されていくなどという言葉で表現しがちであった。しかし当然そこでの「自然」とは、漫然とした、ただ知識が与えられるのを待つだけの受動的な姿勢では決してない。それはむしろ伝承の場「以外」に対して積極的にアンテナを張り巡らせ、伝承の場で教えられたことの意味を主体的に探ろうとする姿勢――生田が言うところの「世界への潜入」――という学習者側の意図的な行動なのである。よって、学習者たちにとっての「自然さ」とは、あくまでそうした彼らの世界の内部における「自然さ」であって、研究者としての我々からすればそれはむしろ「意図的」「主体的」と表現すべき、考察対象として積極的に採り上げるべきプロセスなのだ。

学習者が目指しているのは、表面的な「形」ではない「型」の習得である。つまり目の前に伝承材料として示されているラディーフや、即興演奏の個別の実例などはあくまで「形」に過ぎず、「型」とはそうしたテクスト（みかけ）としての「形」を現前させているところのもの、すなわち「チャルフ観」なのである。こうした「型」の習得を可能にする知識観・教育観とはつまるところ、師匠から伝授されるラディーフという「形」を、それ単独でどのように役立つか・使えるかという観点ではなく、あくまでその世界における「形」以外のもの――すなわち実践との関係の中において初めて、即興演奏のための意味・意義を持つものとして捉えようとする視点なのである。これこそが、イラン伝統音楽の世界における、「状況依存的」な、「人間的な生活世界に密着した形」での知識観、「実在的な知識ではない関係的な知識」（生田　二〇〇一：二四四）であると言えるのだ。

2 「練習曲」概念がもたらす変容

2―1 抽象化される知識

しかしイラン音楽が五線譜に書かれるようになってまもなく、『タール教本』(注1)をはじめとした数々の教則本が登場する。弟子が師匠と生活をともにするというコンテクストから離れたところで知識は抽象化され、その伝授が可能になったのである。とはいえ、ここで抽象化される知識とは、個別の楽器についての「奏法」に関する知識なのである。柘植元一は自らのラディーフ習得体験を次のように回想している。

「受講生はそれぞれが得意とする旋律楽器を持って授業にのぞんだ。わたくしとイラン人の女学生がセタールを携えて、イラン人の男子学生の一人がタール、二人がヴァイオリン、別の男女がそれぞれサントゥールでレッスンを受けた」(柘植　一九八九：二七九)

ここから判るのは、かつてイランにおいて音楽を習うこととは、個別の楽器の奏法を習うことではなかったということである。前述したように、イラン音楽の習得とは、決して伝統的な旋律型をただ機械的に数多く覚えるというような、あたかもレパートリーを増やすような行為ではない。ラディーフ習得の本来の目的は、そうした作業を通して旋律型それぞれの雰囲気や情緒を汲み取り、それらの繋ぎ合わされ方からイラン音楽の緩急を学び取ることでイラン音楽の体系に通じ（チャルフ観の体得）、最終的に即興演奏を可能にする事にこそある。つまり本来ラディーフ習得とは、様々な楽器を専門とする学生たちが師匠のもとに一堂に会して、楽器間の違いをも踏まえた、或いは超えたところで行なわれていたのであり、それゆえに、学生たちもそこで目指されているものが、楽器の習得ではなく、「チャルフ観」の習得であることを肌で感じ取っていたのである。

しかし『サントゥール教本』や『タール教本』といったものの登場によって抽象化された知識は、音楽の伝授に「奏法の伝授」という近代教育的な意味での知識の伝授段階（具体的な指導）を付け加えることになる。それは、努力すべき内容とそれによって得られる成果が予め明示されているような指導のあり方であると言えよう。つまりそこでは、チャルフ観を汲み取るという「状況依存的」なあり方よりも、楽器の奏法の伝授というより具体的・直接的な知識の伝授がむしろ前面に押し出されることとなる。言い換えれば本来、チャルフ観の体得を目的として行なわれていた音楽の伝授が、まず、ある楽器の奏法の指導からスタートするというように、質的な変化をここで遂げることになったのである。そしてこのような変化は、イラン音楽の音使いにも大きな影響を及ぼすことになる。そこで本節では、「奏法に習熟すること」を目的とした「練習曲」概念が、いかなる影響をイラン音楽の音使いに及ぼしたのかをより具体的に見てゆこう。

2―2　声の反映としての音使い

既に述べたように、そもそもイランにおいて伝統音楽を学ぶこととは、手続きとしては師匠から伝統的な旋律型を受け継ぐということだけで、楽器をうまくひけるようになること自体は、意図的に教育されるものではなかった。そこでは、特定の楽器固有のテクニックの問題はあまり表面化することはなかったのである。むしろ重要だったのは、第二章で述べたように楽器が何であれそこにアーヴァーズ（うた）を感じさせることであった。つまり学習者がなによりもまず習得せねばならなかったのは、アーヴァーズらしい音使い・フレージングだったのである。

本書でこれまでに示した幾多の譜例の中にも、アーヴァーズらしい音使いはあちこちに観察することが出来る。そのひとつは例えば、次のような譜例に見られる音使いである。

［譜例1］のなかで繰り返されている、細かな装飾を施す奏法は、タキエ takie と呼ばれる。このタキエとは「寄りかかる」といった意味を持つが、この奏法がもたらす効果を聞けば、この奏法が何を意図したものなのかはすぐに判る。それは、地声と裏声とを交互に素早く繰り返す、タハリールと呼ばれるメリスマ的歌唱法なのである。

つまり音楽家は、楽器固有のテクニック以前に、このようなタハリールと呼ばれる声楽技法を模した細かな装飾法タキエを、イラン音楽に普遍的な言葉使いとして持っているということになる。その結果音楽家には「声を出す」という感覚が、いかに器楽奏者であっても常にリアルに感じられていることとなる。例えば演奏が後半に差し掛かり、盛り上がった際に高音域でなされるようなタハリール

［譜例1］（Pāyvar 1961:43）

などはとりわけ、歌い手にとってはかなりの高揚感・切迫感が強いられるところだが、そうした切迫感や緊張感というものは、タキエを連続して奏でる器楽奏者にとっても自らのことのように保たれるのである。それは奏者にとって、手を動かしているだけでありながらまさに「息を詰める」ような感覚であると言えるだろう。つまりこのタキエというイラン音楽に普遍的な言葉使いは、それがただ「声」をイメージするものとして静的に存在するわけではなく、奏者にとっては、「声を発する」という身体性そのものなのである。「声を出す」という切迫感や律動感、息遣いに裏打ちされており、手を通して自らがうたっているかのような感覚をもたらすものなのである。

2―3　ハードに規定された音使い

しかし、そこに「練習曲」概念によってもたらされた器楽的な視点が入ってくると、アーヴァーズらしい音使いだけではなく、どうしてもその楽器ならではの音使いを実現しようとする視点が生まれてくる。ここではその例として、サントゥールという打弦楽器の事例を詳しく取り上げてみよう。

第二章において既に述べたように、おおよそサントゥールを含めた打（弦）楽器の訓練においては、非利き手の運動能力を利き手側に近づけるための様々な訓練が行なわれる。とりわけサントゥールでは、高音部が左側、低音部が右側に配置されているため、中音部から高音部にかけての地理に精通するためにはどうしても、左手を右手並みの自由度で扱えるようになることが技巧上重要な課題となってくる。とは言っても、こうした左手の使用・技巧性という観点から現代の演奏家を見てみた場合、同じサントゥールと言えども、演奏家によって左手の使用・技巧性にはかなりの差が見られる。

［譜例2］に示したのは、第五章の［譜例33］に示したミルザー・アブドッラーのラディーフの、マジッド・キアニ Majid-Kiyāni（一九四一〜）というサントゥール奏者による採譜（および演奏例）である。彼は、基本的にラディーフに忠実な演奏スタイルを持つことで知られており、それは譜例のような、タール・セタール用に採譜された［譜例33］と殆ど変わらない、言い換えればサントゥール独自の技法をあまり持ち込むことのない（特に左手を駆使することのない）演奏スタイルであると言える。

しかし一方、［譜例3］を作曲したパルヴィーズ・メシカティアン Parviz-Meshkatiyān（一九五五〜）のようなサントゥール奏者は、ラディーフに加え、独自の技巧を盛り込んだ自作曲を積極的に展開する音楽家として知られているが、譜例からも明らかなようにそこには、かなり技巧的な左手（∨）の連打の用法が見られる。当然、こうした曲を弾きこなすためには、それ相応の左手の鍛錬が要求されるはずである。ではこの「左手を鍛える」ということは、サントゥール演奏において一体いかなる意味を持っているのであろうか。

［譜例 2］（Kiyāni 1990:3）

［譜例 3］（Javāherī 1997:7）

2―4　キアニの手が意味するもの――左手の鍛錬の意味

筆者はかつてキアニのレッスンに参加したことがあるが、そこで一番印象に残ったのは、楽器の奏法や演奏の技術的側面というものに対しては積極的な指導がほとんどなされないという点であった。例えば、生徒が撥(ばち)の構え方の指導を請うても、キアニはどの生徒に対しても「そのままでよい」というような、現状を肯定する発言しかすることはなかった。当時（一九九八年）既に、様々な音楽家が『サントゥール教本』のような教則本を数多く出版し、奏法の手ほどきから体系的な教育を試みようとしていた状況から見ると、キアニのレッスンはあえてそういう状況を固辞しているかのように見えた。ましてや「左手を鍛錬する」というような発想は、キアニのもとでは出てきようもなかったし、他の弟子たちもそこで修行している限りにおいてはその必要性を感じることもなかったのである。このことは一体何を意味しているのだろうか。

ここで考えておかねばならないのは、そもそも、サントゥール演奏法において、右手と左手（利き手と非利き手）とはどのような意味を持ち、互いに関係しあっているのかということである。このことを考えるとき、前述したタキエの奏法はある手がかりを与えてくれる。

［譜例1］に示されているように、地声と裏声とを交互に素早く繰り返すというタハリールを模したタキエ奏法においては、地声すなわち主要なメロディの方は右手で奏でられ、裏声となる装飾音は左手で奏でられる。先に筆者は、おおよそサントゥールを含めた打楽器の訓練においては、非利き手

の運動能力を利き手側に近づけるための様々な訓練が行なわれると述べたが、このタキエの奏法においては、非利き手の弱さは、利き手の運動能力との対比の中で活かされているということが判る。またタキエだけではなく、フレーズの「力の抜きどころ」に左手を充てる用法は、サントゥール演奏法において数多く見受けられる。つまり「声に基づく音使い」のなかで、左手の弱さは逆に利用されているのである。このことをよく考えれば、キアニが左手の鍛錬に積極的とならない理由が見えてくる。

つまり、キアニが手のことにこだわらない——「左手を鍛錬する」発想から程遠いのは、彼が主として「声に基づく音使い」に依拠するスタイルを有しているからである。彼にとって例えば、「左手ですばやく撥（ばち）を打つためには（或いは左手で芯のある音をだすには）どうすればよいのか？　そのために動かしやすい手の構えとは？」といった問いや、そのために必要な技術的鍛錬、そうした鍛錬を経て新たに獲得される様々な技法などというものは、声以外のものを目指すためのものでしかなく、必要なかったのである。「声を目指す」彼にとって左手は弱いままでよい。否、弱くなければならなかったものなのである。左手の弱さは「あらゆる声のニュアンスの模倣」のなかでそのまま活かされるのである。

しかし一方「声」を離れ、サントゥール独自の語法を追究しようとするものにとっては、高音部を担う左手は、当然鍛錬の対象となる。つまりそこには、サントゥールという「楽器の演奏のために」左手の弱さを克服しようとする考え方——器楽至上主義が見て取れるのである。そうした傾向のもとに、［譜例3］に示したメシカティアンのような奏者において、左手の使用は極限にまで推し進められてゆくのである。そしてそうした鍛錬の結果生み出された音使いとは、当然声に依拠する音使いとは全く別のものとなるだろう。

高名なタール奏者であるモハンマドレザー・ロトフィ Mohammadreza-Lotfi（一九四六〜）は、「西洋音楽のための練習曲をイランの楽器の練習に取り入れることは、（イラン）音楽を破壊する」という批判を残したとされているが、その意図とはまさに、イラン音楽の音使いのなかに本来あるはずの「声」の存在が希薄になる・失われることに対して注意を喚起したものだったと言えるのである。

2―5　「声に基づく音使い」と「ハードに基づく音使い」との絡み合い

こうしてみてみると、イラン音楽には「発声という身体感覚」の反映としての音使いと、ハードに深く規定された身体感覚とが存在し、教則本の登場以降ますますこの両者が相互浸透的にダイナミックに絡み合うという様相を呈していることがわかる。

このような、両者が相互にダイナミックに絡み合う身体感覚というものは、当然全ての楽器に存在するわけだが、とりわけサントゥールの場合その両者の絡み合いは、よりリアルな身体感覚として迫ってくることになる。なぜなら、文字通り打弦楽器であるところのサントゥールは、器楽的パッセージであればあるほど、「打つ・叩く」という身体感覚が呼び覚まされるからである。つまり、単音では音を維持することが出来ず、必然的に細かく音で空間を埋めてゆくという作業を伴うサントゥールのような楽器では、上記のように「打つ」という側面が顕在化しやすく、そのために逆に、「発声という身体感覚」の反映である音使いとの並列・共存がよりリアルに体感できるとも言えるのだ。同じ「打つ」という行為でありながらそれは、「うたう・声を出す」という身体感覚を呼び覚ますタイプの音の使いかたとは、ひときわ対照的なものとして感じられているのである。

しかし一方、ネイやキャマンチェのようなロングトーンを奏でることの出来る楽器においては、こうした両者のせめぎあいは、やや中和されることが予期されるだろう。つまりロングトーンを奏でることの出来る楽器においては、楽器を弾くことそれ自体が「うた」そのものの想起につながる——声を出すという身体感覚により近いと言えるのである。そういう意味では、声の反映としての音使いとハードに規定された音使いとの対照的な関係というものは、イラン音楽の中では、叩いたり弾(はじ)いたりという、撥(ばち)を使用する楽器により著しい現象として捉えられるかもしれない。そしてこのことは、現在イランの楽器の中でもとりわけサントゥールにヴィルトゥオーソ化が顕著な要因としても、あらたに考察されるべきテーマだろう。

さてここまでは、「練習曲」概念を含む教則本の登場がもたらした影響を見てきたわけだが、一方で「ラディーフの五線譜化」がもたらす影響にはどのようなものがあったのだろうか。

3　「ラディーフの五線譜化」がもたらす変容

3―1　チャルフ観の喪失

教則本だけではなく、ラディーフそのものが記譜出版されるようになると、その冒頭の目次ではグーシェの名前が列挙されることになる。実はこのことは、本来は一続きの時間的流れ（チャルフ）の中で認識されているはずの個々のグーシェが、区切りがはっきりしていて個別に取り出せるものという感覚で捉えられ始めることを意味しているのである。

［図1］に示したのは、アブドル・ダヴァーミー Abdollah-Davāmī（一八九九～一九八〇）伝承の声楽用ラディーフのカセットに付属するライナーノーツである。見たとおりそこでは、各旋法ごとにグーシェの名前が列挙されている（グーシェの区切りが視覚的にはっきり示される）。しかしダヴァーミー自身による録音を聴けば、彼が個別のグーシェの名称をそれほど意識せずに歌い進めてゆく様子が聴き取れる。すなわち彼が、時折個々のグーシェの名称を歌唱の前に言い忘れ、後で幾つかの名称をまとめて補うという場面がしばしば見られるのである。このことはダヴァーミー自身がラディーフを、グーシェという個別の、区切りがはっきりした旋律型の集積としてではなく、チャルフという一続きの流れの中で捉えていたことを示しているのではないだろうか。

しかしラディーフを記譜されたものとして接する世代にとっては、ラディーフとは区切りがはっき

［図 1］（Davāmi 1997）

الف	ب
• دستگاه شور	• آواز افشاری
(همراهِ تار محمدرضا لطفی)	درآمد اوّل
درآمد اوّل	جامه‌دران
درآمد دوّم	عراق
کرشمه	قرایی
درآمد رهاوی	• آواز کرد بیات
سلمک	درآمد اوّل
قرچه	درآمد دوّم
رضوی	حزین
عزال و حسینی	• آواز بیات ترک
زیرکش سلمک	(همراه تار محمدرضا لطفی)
(با تار اجرا شده است)	درآمد اوّل
• آواز دشتی	جامه‌دران
درآمد اوّل	دوگاه
دشتستانی	شهابی
حاجیانی	روح‌الارواح
غم‌انگیز	قطار
اوج	مثنوی
گیلکی	• آواز ابوعطا
	(همراهِ تار محمدرضا لطفی)
	درآمد
	رامکلی

りしていて個別に取り出せる（分解できる）グーシェの集積としてまず「視覚的に」認知されるだろう。もちろん、これまでに示したような「形」から「型」へと至る学習プロセスが保持されているならば、このことは本質的な問題とはならないはずである。しかし既に触れたように、そうした学習プロセスは、決して具体的な指導というかたちで存在するわけではない。一方グーシェの名前が列挙されている様子は、ラディーフの目次や録音物のライナーノーツという具体的なかたちを伴ってあらゆる学習者の前に現れるのである。つまり、学習の程度によっては――言い換えれば「世界への潜入」が十全でない場合には――学習者のラディーフに対する理解は「チャルフ観」を欠いたままとなる可能性が残されるのである。実際の即興演奏が「形」の操作ではない「型」からなされることを考えると、こうしたチャルフ観の喪失は、即興演奏という営みそのものにも大きな影響を及ぼすことが考えられるのである（この問題については後に改めて触れる）。

3―2　音楽に対する分析的な視点

更に、ラディーフの五線譜化が当たり前となった現在では、分析的なラディーフ譜が登場してくる。以下に示した［譜例4、5］は、ともにミルザー・アブドッラー伝承のラディーフを記譜したものだが、ジャン・ドゥリン Jean-During（一九四七～）による譜例が単に時間的な流れにそって音楽を記譜しているのに対し、ダーリューシュ・タラーイー Dāryūsh-Talā'ī（一九五二～）の場合は、フレーズの構造を分析的に記譜していることが判る。

［譜例 4］ジャン・ドゥリンによる採譜例（During 1995:176）

［譜例 5］ダーリューシュ・タラーイーによる採譜例（Talā'ī 1997:12）

ここで考えてみたいのは、はたしてタラーイーは最初からラディーフをこのように分析的に「聴いて」いたのかということである。恐らくタラーイーは、最初からこのように分析的にラディーフを「聴いて」いたというよりは、記譜することによってこのような分析的な見方を獲得したのではないだろうか。つまりそこには、当該のラディーフに対する彼自身の「解釈」が如実に示されることとなる。そして更に言えば、一旦分析的に記譜された楽譜は、それを「見る」次の世代にも大きな影響を及ぼすのである。

3―3　より独創的でなければならなくなること

また前述した、書くこと（五線譜化）によってもたらされた「フレーズの私有」という感覚は、それまで即興演奏においてごく当たり前だった他の演奏からの借用・転用――典型的フレーズという「共有財産」の使用――にある種の制限をもたらす。その制限とはすなわち、即興演奏とは何かオリジナルなものでなければならないという、演奏者自身の意識のことなのである。

結果、典型的フレーズという「共有財産」の使用を制約された（自らそう制約せざるを得なくなった）現代の音楽家たちは、本当に自分は独創的であるのかという不安にさいなまれ、またいかにして自分は独創的たりうるのかと悩む事になる。つまり本来、その場限りの音として消えゆくはずの音が、五線譜や録音物というテクストで残る事によって、そして更には世間の「作品は閉じられたもの」という感覚によって、現代のイラン音楽家は過去の音楽家に比べ、よりいっそう独創的であることが要求されるのである。先に述べたような、本来「ヴァージョン」「思い出」「パラフレーズ」というような表現で言い表されるべきイラン音楽のオリジナル概念が、テクスト文化的な意味を少しずつ帯びつつ――それも彼ら自身によってその厳密さを幾分増したかたちで――変容してゆくのである。

3―4　ラディーフダーンの存在意義の希薄化

ラディーフが五線譜によって書き留められる以前には、ラディーフダーン radifdān（ラディーフを知る人）と呼ばれる、ラディーフを熟知した人たちがいた。彼らはラディーフの記憶を保持するために絶えずそれを繰り返し弾かなければならず、その精神は保守的にならざるを得なかった。

しかし現在では、ラディーフをテクストとして書き留めることによって、精神は自由に新しい活動に勤しむことができる。たとえば作曲――それもラディーフを素材とし、それをテクストとして操作するような作曲活動にさえ勤しむことができるのである。

ラディーフダーンが今ではもう高齢の音楽家を残すのみとなっているように、ラディーフがテクストによってとりあえず書き留められている以上、ラディーフダーンの役割は薄れつつあるとともに、「創造性」を最重要視する視点からは揶揄にも似た評価を下す向きさえあるのだ。

3―5　失われる「型」習得のプロセス

本章ではこれまで、「書くという精神構造」がイラン音楽の営みに及ぼす様々な影響について考察してきた。「レッスン」という形態や「練習曲」という概念は、学習者に関係的な知識（チャルフ観）ではなく、実在的な知識（レパートリーとしてのグーシェ習得・楽器奏法の習得）を無意識のうちに優先させ、ラディーフの五線譜化は、時間的にひと続きの流れとしてある音楽を、分解できるものとして「視覚的に」認識させるのである（チャルフ観自体の崩壊）。

ではつまるところ、こうした「書くという精神構造」がもたらす影響の中で、もっともイラン音楽の根幹に関わることとは一体何だろうか。それは、第一章の結びに述べたような、自らのラディーフ（「型」）を作り上げるという行為が今後変質してゆく（誤解されたままになる）可能性があるということである。第三章の注7でも引用した次のネトルの記述を今一度振り返ってみよう（傍点は引用者による）。

> 様々なラディーフが教師によって幾分異なるのは、各々の音楽家が一旦ラディーフを師匠から学んでしまうと、自分自身の version を作り上げ始めるという事実に一部起因している。それは変化や改革を施したり、またひとつには、多くの音楽家が二人かそれ以上の師匠に連続して或いは同時につきながら、師匠らのラディーフを合成して（by combining their teachers' versions）自らのラディーフを作り上げたという理由にもよるのだ。（Nettl 1972:19）

ここでネトルが述べる、combining their teachers' versions という記述はふたつの解釈の可能性を示している。ひとつは先に指摘したように、彼がテクスト文化的なものの見方をしているために、「型」の生成をあたかも「形」の合成であるかのように見てしまっているかもしれないということ。そしてもうひとつは、もしかしたら若い音楽家たちが実際に、「形」の合成によってそれを自らの「型」だと称している、あるいは本当に「型」を作り出しているかのように思い込んでいるかもしれないということなのである。このように、「書くという精神構造」は、自らのラディーフという「型」の生成を危うくするという側面をも持っているのだ。

あとがき

本書は、筆者のこれまでの研究成果を、大阪大学大学院文学研究科に二〇〇四年十二月に提出し翌年審査に合格した博士論文『イラン伝統音楽の即興概念——即興モデルと対峙する演奏者の精神と記憶のあり方』を中心として、過去に発表したいくつかの論文を含むかたちでまとめ直したものである。各章の初出はそれぞれ以下のとおりであるが、収録にあたってはいずれも必要に応じて改稿を施した。

はじめに——「『拘束性』の解明から『任意性』の検討へ——即興『モデル』の新たな理解に向けて」『東洋音楽研究』第七〇号九三〜九九頁　二〇〇五年八月

第一章——「イラン伝統音楽のラディーフ——その再定義にむけて」『音楽学』第四八巻三号一九三〜二〇六頁　二〇〇三年七月

第二章——「イメージ上で鳴り響く音——イラン伝統音楽における楽譜の存在を支えるもの」『東洋音楽研究』第六八号一〜一二頁　二〇〇三年八月

第三章——「イラン伝統音楽の即興概念——即興モデルと対峙する演奏者の精神と記憶のあり方」『音楽学』第五一巻一号二八〜四〇頁　二〇〇五年一〇月

間奏——「「語りの文化」としてのイラン音楽」二〇〇六年度大阪音楽大学研究紀要第四五号三〜一一頁

二〇〇六年十二月
第四章―「イラン音楽のチャルフ――演奏形式と楽曲構造にみる「廻り」のパラダイム」『東洋音楽研究』第七〇号一九～三三頁　二〇〇五年八月

本書の中でメインと言えるのは、第一章もさることながら、やはり博士論文の題目となった第三章の主張であり、以降の記述はそうした「声の文化」的精神に対する問題意識を背景として展開されている。しかしこのような、「声の文化」的精神を議論の中心に据えるという構造によって、本書では今日的な意味での個性の問題には殆ど触れずにきたことについてここで少々補足しておきたい。

本書が主張しているのは、イラン音楽には個性がないということでもなければ、また彼らに新しい美の創造というような価値観がないということでもない。そのような価値観は、彼らも当然持ち合わせていよう。ただ、イラン音楽の即興を研究するにあたってまず念頭においておかねばならないのは、共有しているものを繰り返し「思い出す」ことの中に、まず喜びを見出しているような状況がイランには認められるということである。それがあった上で、ある個人の演奏が他の人とは違った独自の価値を持っているということが問題となってくる。つまり研究の順序として、イラン音楽では「個性」の問題を先に考えてしまうと、その実態や特性がよく見えてこないと筆者は考えているのである。

もちろん現在では第六章で見たように、テクスト文化的なものの見方の影響によって、パラフレーズ的な視点ではなく、意識的に新しいものを創ろうとする即興の視点がすでに生まれつつある。あるいはネトルが指摘するように、自分がした即興を覚えておいてそれを使うような演奏家もいるのである（Nettl 2001:95）。むしろこうした現象は、これだけ録音物や楽譜が溢れているなかでは当然のことだと言えよう。

とはいえ筆者はやはり、こうした現在の状況をいきなり論じることを意識的に避けてきた。それはひとえに、イランが「声の文化」圏であるとの認識こそが、イラン音楽の即興を研究するにあたっての基本的なスタンスであるべきだと考えてきたからである。イラン文化に見る、声の文化に特徴的な要素というのは枚挙に暇がない。イラン古典詩の韻律の調子の良さというのは、記憶のしやすさと密接に関連しているし、教育システムは暗記を何よりも最重要視している。イラン人研究者たちの論文が、ある一定の筋みちにそって論理を展開するというより、多弁・冗長さにみちた散文であるように国外の研究者たちに揶揄されたり、タアーロフと呼ばれるくどい賛辞や社交辞令が儀礼的な行動様式として機能していること――これら全てが、イランが「声の文化」圏であることの証なのである。そしてこのような「声の文化」的な特性は独立して採り上げない限り、研究者たちが無意識のうちに即興に個人の創造性をまず見出そうとしたように、テクスト文化的なものの見方のなかでは埋もれてしまうのである。

そういう意味で本書は、これからイラン音楽の即興の「現在」へと視点を向けてゆくための足固めであると言える。まさにここから現在のイラン音楽における多様な「個」を含めた問題の探求が始まるのである。そこでは第六章のような問題意識はますます重要性を増してくるだろう。そこに示した「書くという精神構造」の影響とは、まさにイラン音楽の「近代化」のプロセスであり、その更なる考察は即興演奏を含めた現在のイラン音楽全体を俯瞰する上で欠かせないものだと言えるだろう。

本書の完成までには大変多くの方々のお世話になった。まず大阪音楽大学時代の筆者にイラン音楽との出会いの機会を与えてくれ、その後渡航のための手続きやホームステイ先の紹介などを行なってくれたプーリー・アナヴィアン先生、当初ペルシア語を全く話せず身元不明も同然だった筆者を住まわせ、家族同様に扱ってくれたラスル・エスハーギー氏一家、また大学編入のための具体的な手続きなど、遅々として進まないイラン式の役所仕事のために様々な便宜を図ってくれたホセイン・デヘラヴィ先生、外国人を相手にサントゥールをその基礎から根気強く指導してくださったサイード・サーベット先生、そしてイラン国立芸術大学音楽学部在籍中に様々なかたちで筆者を助けてくれた多くの友人たち——とりわけ、モハンマド・ラスリー、ホメイラ・ガヴァミプールのふたり——に心より感謝の意を表明したい。

また、帰国後に本格的に研究を開始した筆者にとって、大阪大学大学院音楽学研究室の環境は非常に示唆に富むものであった。とりわけ、模擬学会形式で行なわれる大学院ゼミは、イラン音楽という対象に興味や予備知識のない聞き手を前に、いかに「情報」レベルではない、学問上の問題意識を展開できるのかを自らに問う絶好の機会となった。

そもそも、イランから帰国したばかりで自負心過剰であった筆者が、研究がその分野だけのトリヴィアルな話題に終始してはならないという意識を持つことが出来たのは、京都市立芸術大学大学院在籍中に指導教官であった中川真先生のおかげである。中川先生はイラン音楽の専門家ではない。しかしそのためにかえって、先生の数々の指摘は、イラン音楽を知るもの同士でなら許容範囲となりがちな用語や概念の使いかたの「甘さ」に対し筆者を自覚的にさせるのに十分なものとなった。とりわけ、本書の第一章の研究成果のもととなった、「ラディーフ」や「規範」という概念を巡る筆者のつたない説明とそれに対する先生からの質疑というやりとりは、意識に上らないものも含めて自らが現地で学び・感じてきたものと民族音楽学の蓄積とをすり合わせ吟味し、問題点を浮き彫りにするのに大変有効なものであった。

そして思えばそうした作業は、のちに「即興」「ダストガー」といった概念までをも対象とすることで、本書全体の問題意識へと繋がってゆくこととなる。そういう意味で本書の研究成果は、京都市芸大

〜大阪大時代を通じて、必ずしもイラン音楽を専門としない聞き手に対しても、いかに説得力のある議論を展開することができるのかという試行錯誤のなかから生み出されたと言えるだろう。そしてそのような環境は、もし聞き手が混乱したりその理解が話し手の意図とは異なったものとなるなら、それは研究対象のわかりにくさに帰するべきではなく、その責任は全て説明や記述を行なったもの自身が引き受けなければならないという研究者としての責任感をも育ててくれたのである。

大阪大学大学院においては、民族音楽学の幅広い見地から、イラン以外の示唆に富む事例をも数多くお教え下さった山口修先生、ゼミでの研究発表をいつも逐語的に吟味してくださり、完全に咀嚼した上で目が覚めるようなアドヴァイスを幾つもくださった根岸一美先生、普段の講義のみならずその著作においても多くのものを学ばせて頂いた伊東信宏先生、この三先生からのご指導に心から感謝を申し上げたい。また、山口先生には本書付録CD所収の大変貴重な音源を快く提供して頂き、本書の出版に向けて多大なるお力添えを頂いた。ここに改めて感謝の意を表明したい。CD制作に際しては、サウンドエンジニアの中井靖雄、豊嶋広基の両氏にご尽力頂いた。

そしてイラン音楽研究の第一人者であり、様々な機会を通して専門分野ならではの貴重な情報やアドヴァイスを頂いた柘植元一先生——先生の研究は、筆者がイラン音楽と出会った学部時代から現在に至るまで、常に筆者が参照し続けた存在でありその学恩は何ものにも代え難い。このような諸先生方の学恩に対し、本書の記述がどの程度報いることができたかについては、読者諸氏の判断を仰がねばならないだろう。本書に至らない点が多々あることは言を待たないが、そのような欠点を補うべく今後更に研究を積み重ねてゆきたいと思う。

刊行にあたっては青土社の水木康文氏に大変お世話になった。本書のもととなる原稿を、イラン音楽という「対象」の観点からだけではなく、即興や声の文化という「切り口」からも眺め評価してくださった氏には心から感謝したい。

とはいえ本書は対外的には先ずもって「イラン音楽の」本である。「類書が殆どない」というその属性は、研究者にとってはもしかしたら希少性というような「取りえ」かもしれないが、ビジネスにとっては「リスク」でしかないことのほうが多いだろう。水木氏にはそうしたリスクに伴う諸問題をクリアするのに大変なご苦労をおかけした。ここに改めて感謝の意を表明したい。

また同時にこのような研究を続けることが出来たのは、ひとえに周囲の協力があってこそのことである。とりわけ、長年にわたる家族の理解と協力に感謝し、筆者にとって初めての著書である本書を捧げたい。

二〇〇七年六月一八日

谷 正人

新装版へのあとがき

本書『イラン音楽――声の文化と即興』は、「はじめに」においても記した通り類書が殆ど無い中で出版されたが、翌二〇〇八年には（社）東洋音楽学会から第二五回田邉尚雄賞を受けるなど、学術的にはある一定の評価を受けることができた。また日本語での出版であったにも関わらずイラン（と一部ではアメリカ）で新聞記事の掲載、テレビやラジオによる取材へとも繋がった。

筆者はその後、自ら即興の実践を行い試行錯誤するなかでの様々な気づきを記した『イラン伝統音楽の即興演奏——声・楽器・身体・旋法体系をめぐる相互作用』（スタイルノート、二〇二一年）を出版したが、この間日本においては、イラン音楽の研究者数は決して増えたとは言えないまでも、演奏家や愛好家の数は首都圏を中心に着実に増え続けている。筆者も、複数の大学でイラン音楽やサントゥールの授業を開講したり、イランへの音楽留学プログラムを開拓するなど、以前にも増してイラン音楽についてより専門的に話す機会を多く持つようになった。

そうした状況のなか、初版では付録としたCDを今回いれることはかなわなかったが、このたび本書がオンデマンド版として今後も継続的に入手できるようになることをとても喜ばしく思う。なぜなら、今でも類書が殆ど無いこの分野において本書は、イラン音楽のベーシックな部分を理解するうえで欠かせない多くの用語や概念を含んでいるからである。更には、イラン音楽を実際に学び実践する上でも避けて通れない、「音楽を視覚的に捉えない（楽譜を介さない）メンタリティ」とは何かという、楽譜を通して音楽に触れることに慣れている私たちの常識についても再考を促すトピックを含んでいるからである。

その意味において本書『イラン音楽——声の文化と即興』は、筆者のその後の研究成果とも地続きなものであり相互補完的なものであると言える。今後の新しい成果の発表に際しても、常に参照すべき存在となるだろう。末永く手に取ってもらえれば著者としてこの上ない喜びである。

二〇二二年一月二八日

谷　正人

注

第一章

（注1）引用文献中の同段落「五線譜の効用に懐疑的な師は楽譜に書き取ることを堅く禁じた」という記述からかんがみて、ここでのラディーフの伝承に楽譜は使用されていなかったものと推測される。

（注2）一方、ここでのラディーフ伝承には五線譜が使用されていた。

（注3）以下、「譜例1〜7」を、それぞれ順に（Ma’rūfī 1995: 1, 3, 6, 9, 16, 21, 23）から引用する。

（注4）グーシェ名の横の括弧内にはそのグーシェの核となる音を記したが、実際にはこの段階を経てのち感じられてくるものだということを付け加えておきたい。またコロンとは約1／4音下げるという意味の変化記号である。

（注5）筆者は一九九六年九月よりイラン国立芸術大学音楽学部に編入し一九九八年八月に同校を卒業した。また大学とは別に個人クラスにおいて、サイード・サーベット Sa’īd-Sābet 及びファラーマルズ・パーイヴァル Farāmarz-Pāyvar にサントゥールを師事した。本文で言う「師匠」とは後者を指す。

（注6）以下、「譜例1-a、3-a、4-a、5-a、7-a」を、それぞれ順に（Mas’ūdie 1995: 127, 129, 130, 133, 134）から引用する。

（注7）こうした点からすれば、『ニューグローヴ世界音楽大事典』を初めとしたイラン音楽の概説的

記述が、便宜的にせよ旋法を単に一オクターブの音階として表記するのは、全く実態にそぐわないと言えるだろう。また、この「グーシェの時間的配列」については第四章で更に詳しく考察を行なう。

(注8) 一方、先に見た「譜例2」や「譜例6」のケレシュメなどに代表される「固定されたリズム、旋律」的特徴を持つグーシェは、どのラディーフあるいは実際の演奏においてもあらゆる音域でその特徴を変容させることなく奏でられる、いわば「挿入的」とも呼べるグーシェである。つまりグーシェの時間的進行とは直接的な関係を持たない。

第二章

(注1) なお、本書におけるペルシア語のローマナイズはすべて後掲の表1(黒柳　一九九八:Ⅲ)に準ずることとする。

(注2) アーヴァーズ āvāz は非常に多義的な用語で、大きく以下の意味で用いられる。

1. 歌・声楽
2. 無拍のリズム様式
3. イラン音楽の十二旋法のうちの副次的な五旋法

このうちの1と2を不可分に用いる場合も少なくないが、ここでは当面2の意味に限定して用いる。

(注3) 後に挙げる「譜例1」と「譜例2」では小節線(あるいはそれに準じた点線)が書いてあるが、それは後に述べる古典詩の一句の区切りや韻律の区切りを考慮して、より丁寧に書かれた例外的なものである。従ってここではそうした小節線や「譜例2」の拍子記号などは除外して考えることにする。

(注4) 更に補足すれば、ペルシア古典詩の韻律は、イスラーム以前がヘジャーイー hejāʾī、アラブによるイスラーム侵入以降をアルーズィー ʿarūżī と表現する。タクティーエ taqṭīʿ 自体は「韻律分析」

の意味を持つ。

（注5） この八種のリズム形を柘植は、ジョズゥ（jozʿ 歩脚）としているが（柘植 一九八五：六四、一九九〇：一五〇）、これはペルシア古典詩の分野では「rokn」或いは「afāʿīl」（共に詩脚と訳される）の名称の方がより一般的かと思われる。

（注6） 堀内勝はこのバハルの訳語について、「押韻」との混同を避けるため、「律格」という訳語を充てた（堀内 一九八五：二八）。柘植も堀内説との統一を図るためこれを採用した（柘植 一九八五：七九）。

（注7） この円形の表については、堀内論文の図表2「ハリールの五種の律格円」（同書：三二～三三）を参照。

第三章

（注1） ダストガーとは一般的には「体系」や「組織」あるいは「装置」などの意味を持つが、音楽用語として用いられる場合には「旋法」の意味を持つ。イラン伝統音楽の旋法は十二種類あり、それは更に主要な七つのダストガー

シュール shūr、セガー segāh、ホマーユン homāyun、チャハールガー chahārgāh、マーフール māhūr、ナヴァー navā、ラーストパンジュガー rāst-panjgāh

と五つの副次的なダストガー

バヤーテ・トルク bayāt-e tork、アブー・アター abū ʿatā、アフシャーリー afshārī、ダシティ dashtī、バヤーテ・エスファハーン bayāt-e esfahān

とに分類される。

五つの副次的なダストガーのうち、最初の四つはシュール旋法より派生したものとされ、同様にバヤーテ・エスファハーンはホマーユン旋法より派生したものとされている。そしてこれら五つの派生的ダストガーは、主要なダストガーと区別するためにナグメ（原義は旋律）あるいはアーヴァーズ（原義は声）とも呼ばれる。

（注2） こうした傾向は、即興に関する考察をまず音楽家個人の名を掲げることから始めようとする以下のような記述などによく表れている。

「バナーン（歌手名）の音楽は、即興の好例である。彼はまず、自らの気持ちに基づき（basing the choice on his mood）、そして聴衆の雰囲気・期待を予想しつつ詩を選択するだろう（choose）。また、その詩に合う旋法をも選ぶだろう（chose）。」（Caton 2002:141）

つまりそこでは、書き手は即興そのものについて考察するというより、むしろそれをまず音楽家個人の資質に帰しているのである。それは choose や choice という言葉が自律的な響きをもって使われていることからも窺い知れよう。更に類似の傾向は、伝統的慣習から逸脱する音楽家の行為を記述する、次のような文章にも表れる。

「器楽演奏においても似たような選択はつきものである。演奏家は個々の旋律型と同様に、旋法を選択するのだ。ラディーフにおいて旋律型の順序は「序」から始まり、伝統的な配列に従って進んでゆくものなのだが、実際には演奏家は旋法の途中から始めたり、ひとつの部分だけを演奏するかもしれない。音楽家が経験や専門性を持てば持つほど、それは演奏におけるより多くの自由を手にすることになるのだ。」（ibid）（傍点は引用者による。以下同様）

ここで記されているのは、いわゆる通例とされているような演奏から「逸脱」する「個人」の存在である。つまり「即興」と言ったときまず何よりもクローズアップされるのは、そうした逸脱や例外によって生ずるところの「個人の多様性」とそれをもたらす「創造性」なのである。

（注3） このように、既にあるものをそのまま弾くことに対する否定的ニュアンスが観念として確実に存在する以上、前述したような「客観的にみるところの同じ演奏を違うとする、或いは異なる演奏を同じだとする彼らの評価行為」との矛盾を合理的に説明しうる「同一性・差異性」概念の究明は、なおさら重要な課題となろう。

（注4） 本章図1を参照のこと。なおここではセガー旋法を例として挙げたが、同様の構造は十二の旋法全てにあてはまるものである。またこの構造については、第四章で更に詳しく考察を行なう。

（注5） 音楽家に対する聞き取りでしばしば研究者が混同してしまうのはこの点である。調査者が演奏者に対し、奏でた音楽の「作者」を尋ねるとき、それは恐らく「作曲者」のような意味合いに近いものだろう。しかし音楽家はしばしば、あくまで上記の意味合いにおいて「私の音楽だ」と答えてしまうのである。

（注6） イラン人音楽家は即興演奏についてしばしば「千通りでも弾ける」などと表現する。この「千」という数字は「無数」の比喩としてペルシア語でよく用いられる表現であり、そこでは「回数」の感覚はもはや存在していないと言えるだろう。

（注7） 「様々なラディーフが教師によって幾分異なるのは、各々の音楽家が一旦ラディーフを師匠から学んでしまうと、自分自身の version を作り上げ始めるという事実に一部起因している。それは変化や改革を施したり、またひとつには、多くの音楽家が二人かそれ以上の師匠に連続して或いは同時につきながら、師匠らのラディーフを合成して自らのラディーフを作り上げたという理由にもよるのだ。」（Nettl 1972:19）

「例えば仮に、生徒には音階だけしか教えられていないとしよう。そこで彼はそれを元に即興することが求められる。彼に課せられた課題は全く特別なもので、恐らく困難だろう。しかしそこで教師が、『このモデルをもとに何か即興せよ』というのではなく『私が弾くのに似た何かを弾くように』という趣旨を伝えれば、生徒は、教えられた version から慎重に、最初はもしかしたらちょっとした装飾を加えるところから始めて、反復や短かな拡大、そして後にはより彼自身のものへと独り立ちする機会を得ることになるのだ。後に見るように、演奏家は旋律の変化を考え出し、教えられた version にはない自分自身の即興の持ち味を作り出すのである。」(Ibid:20)

(注8) このような傾向は、間接的にあらゆるトピックの中に見え隠れする。

「即興演奏の芸術というものは通常、単独で教えられるものではなかった。代わりに、旋律型の口頭伝承のプロセスにおいて音楽家は、演奏中に直感的に(intuitively)頼ることができるような基底構造のみならず、旋律形のストックをも内面化したのだ。師の演奏に耳を傾けるうちに、弟子は即興演奏の可能性と限界を把握することができた。聴衆との関係を築き上げる中で、瞬間のひらめき(the inspiration of the moment)に基づいて、自身の気持ちや聴衆の意向に自らの選択を一致させることを学んだのである。」(Caton 2002:141)

例えば右の記述は、即興演奏の習得プロセスに触れているかのように見えて、結局は音楽家が演奏中になしていることを神秘的なカテゴリーへと閉じ込めてしまっているに過ぎない。intuitively や inspiration of the moment などという表現は、結局のところ何も説明し得ていないのである。(そもそも「教えられるかどうか」という切り口自体が近代教育―テクスト文化の視点でしかない。)

(注9) 例えば以下の文では、即興演奏の様々なヴァリエーションの中心に、常にラディーフが置かれている事が判る。つまりここでは、ラディーフが完全に固定的なテクストとして捉えられ、それをどう操作するかということが問題になっているのである。

「ペルシアの即興演奏における第一の変数は、それがラディーフに基づく程度や範囲（the degree or extent to which it is grounded in the radif）にかかっている。……ラディーフにどれくらい依拠しているかという判断基準（The criterion of radif reliance）は、アーティストの個人スタイルを決めるうえで有効である。……個人の多様なスタイルは様々で、それぞれがラディーフの使用の度合い（his use of the radif）によってかなりの割合で定義される。」（Simms 1996:124）

「教えられた version にどれくらい忠実か（degree of adherence）は、演奏者によって異なる。」（Nettl 1972:20）

（注10）もちろん筆者は、こうした「声の文化」が即興概念に対し全て一様の心性を有するものと考えているわけではない。例えば同じ「声の文化」と言えようインド音楽の即興概念との違いについても注意を払うなら、これまでインド音楽を対象とした即興研究が「個性」の問題を大きく取り扱ってきた（Nettl 1998:4）というような点から見る限り、もしかするとインド音楽の場合、「個人」による即興演奏の自由度はイラン音楽に比べより高いと言えるのかもしれない。そして実際にネトルも、バロック音楽・ジャズ・イラン音楽・インド音楽など様々な音楽文化による即興演奏における制約や決まりごとの度合いを density（濃度・密度）という言葉で表現しそれぞれを相対的に比較するなかで（Nettl 1974:13）、インド音楽をイラン音楽よりも自由度の高いものとして扱っているのである。筆者はこうしたネトルの見解に一定の理解は示すものの、このような違いがもしネトルにとって全てモデルの密度（→制約・決まりごと）の濃淡として見えているとしたら、それは密度の問題というよりもむしろ、本稿がテーマとしている、モデルと対峙する精神、モデルの運用のあり方の質的な差異としても捉えるべきではないかと考えている。各音楽文化の「任意性」そのものを再検討することは今後、対テクスト文化はもとより、同じ「声の文化」内における即興概念の差異までをもより際立った形で

浮かび上がらせることを可能にするだろう。

「間奏」章

（注1） そもそも、イスラームが成立した七世紀前半のアラビア半島では、口承詩歌をはじめとする口頭言語表現の伝統が既に成立しており、預言者ムハンマドによるイスラームの布教活動もそうした背景のなかで、サジュウ体と呼ばれる、人々を魅了する独特の語り口・文体で行なわれていた（大塚一九九五：一四三）。こうした布教活動（クルアーン朗誦）は、口頭言語表現の伝統の上に乗っていたため人々に受容されやすい側面があった一方で、それゆえにイスラームを、「聖なるもの」以外を指し示す音のあり方について非常に敏感にさせることとともなった――すなわち、ムハンマドの語る言葉は神の言葉「預言」であり、それは他の口承詩歌が伝えるものとは異なること、ムハンマドは預言者であり詩人やシャーマンとは異なること、などを強調せねばならなかったのである（同書：一五五）。近年では西洋のポピュラー音楽といったものまで念頭におくなど、世俗的な刺激をもたらす音との区別は、こうしてイスラームの基本的な態度となっていった。こうしたことからは、イスラームは音そのものを拒絶しているのではなく、西アジアにおける「口頭言語表現の伝統」を反映して、むしろ音（とりわけ人の声）に対しては非常に敏感である、その影響・効果を十分に認識しているということが判る。

第4章

（注1） 原文は以下の通り。

مرحوم استاد
محمدکریم پیرنیا به ما معماری ایرانی می‌آموخت .پیر معماری ایرانی می‌گفت: (تا حد امکان قریب به مضمون) «.. آنهایی که با موسیقی ایرانی آشنا هستند، خوب درک می‌کنند، از سردر قیصریه که وارد شویم، گویی که در گوشمان دستگاه شور را زمزمه می‌کنند، اول «درآمد شور»، یکنواخت و آرام که در طاقنماها نیز تجلی می‌یابد، بعد در عالی‌قاپو به «شهناز» می‌رسیم و در مسجد امام (شاه) به «سلمک» و پس از آن در مسجد شیخ‌لطف‌الله به «زیرافکن» که اوج زیبایی است و از آنجا نغمه به «فرود» می‌رسد و به «درآمد» بازمی‌گردد و میدان نیز به سردر قیصریه و این خود یک موسیقی دلنشین است...»

（注2） 尚、本写真は原著においては左右が逆転した状態で掲載されていたため、引用にあたってはイランイスラム共和国大使館リサーチアタシェ（当時）、ナビ・ソンボリ氏の承諾を得て、筆者側でネガ反転の処理を施した。写真では手前にイマームモスク、広場の左側にアリガプ宮殿、右側にシェイフ・ロトフォッラーモスクがそれぞれ確認できる。

（注3） 本章で述べるチャルフの構造は、第三章の（注4）で述べたとおり、十二あるイラン音楽の旋法全てに共通するものであるが、ここでは（Jihānī 2003:9）の記述に基づき、シュール旋法を例にとって論を進めてゆくこととする。なお、原文は以下の通りだが、［図1］において音楽の時間的流れ

(Zākerī n.d.)

روی الف:

- مقدمه و پیش درآمد شور
- درآمد ـ پنجه شعری ـ کرشمه ـ فرود
- چهار مضراب ـ شور مرکب
- شهناز ـ قرچه
- چهارمضراب شهناز از حیب سماعی
- رضوی ـ حسینی ـ دوبیتی ـ نغمه و فرود به‌شور
- رنگ شور

(Pāyvar n.d.)

روی دوم: شور: پیش درآمد، چهارمضراب، درآمد خارا، درآمد اول، درآمد دوم، جمله معترضه و تحریر ابوعطائی، درآمد اوج، چهارمضراب، شهناز، رضوی، ضربی حسینی حسینی و فرود.

(Bahārī n.d.)

دستگاه شور
۱- درآمد
۲- پیش درآمد
۳- چهارمضراب
٤- شهناز - رضوی
٥- رهاب
٦- حسینی
۷- کرد، بیات
۸- رنگ شور

を「上から下」に統一すべくパーイヴァルのレイアウトを縦に変更した。

（注4） 例えば、ダルアーマドにおける第四線のレ・ナチュラルが、シャハナーズではレ・コロンへと変化したり、ホセイニーにおける高音域のラが、それまで用いられていた中・低音域のラがコロンであったのに対し、フラットとしてのみ用いられること、など。

（注5） 当然、注4で述べた変化音は、フルードの動きのなかで元の音へと戻ることとなる。

（注6） ここでのダルアーマドとは、グーシェの名称としてではなく、グーシェ内の導入部分を指し示す用語として用いられている。

第五章

（注1） ラディーフを「楽譜で示す」という方法からは、ともすれば個々人の違いというものがクローズアップされてしまいがちだが、それは既に述べたように、テクスト文化的精神によるものである。本書では方法論上楽譜を使用せざるを得ないが、第三章で述べておいたように、それが指し示す音楽はスタティックなものとしてではなく、音が鳴るその瞬間にのみ存在する、非逐語的なものとして本来取り扱われなければならないのである。そういう意味において本章で示すラディーフの楽譜は、実際の即興演奏を採譜したものと同様にみなすことができるのである。

（注2） 縦軸はラディーフの伝承者六人を表し、横軸はチャルフを形成するグーシェの時間的進行を表す。またその進行上重要な役割を果たすグーシェを網掛けで示した。

（注3） ［譜例45］で示されたダヴァーミーのラディーフのザンゲ・ショトルは、実際にはマグループの直前にある。

（注4） タラーイーの演奏（Talāī 1993）によれば、一段目の第三・四音を括る繰り返し記号が譜例か

（注７）の譜例　サバーのラディーフより「ムーイェ」グーシェの終結部

らは抜け落ちている。

（注５）　他の旋法、例えばマーフール旋法やバヤーテ・トルク旋法におけるシェキャステは、ダルアーマド（に相当するグーシェ）のシャーヘドの三度上の音をコロンに変化させる事で達成される（こうした変化音をモテガイイェル moteghaiyer という）。

（注６）　シャーヘドの二度下のミ・フラットはミ・コロンへ、三度上のラ・コロンはラ・フラットへ変化。［譜例38・39］も同様。

（注７）　第四章において筆者は、サバー伝承のラディーフには、グーシェ名が切り替わる前から、次のグーシェの要素を準備するような動きを持つ旋律が数多くあると述べた。上に挙げた譜例は、「モハーレフ」の直前に置かれている「ムーイェ」グーシェの終結部であるが、確かにここからは、旋法の核音であるラ・コロンで一旦終止した旋律が、引き続くモハーレフを準備するために六度上のファへと、それもミをコロンへと変化させるというより完全な形で向かっている様子が観察できる。

（注８）　シャーヘドの二度下のシ・フラットはシ・コロンへ、三度上のミ・コロンはミ・フラットへ変化。［譜例41］も同様。

（注９）　シャーヘドの二度下のファ・ナチュラルはファ・ソリへ、三度上のシ・コロンはシ・フラットへ変化。

（注10）　ルーアフザーの演奏（Rūhafzā 1998）によれば、譜例では二つめの丸印のシにフラットが抜け落ちている。

（注11）タラーイーの演奏（Talā'ī 1993）によれば、譜例では丸印のミにフラットが抜け落ちている。

（注12）この譜例では引用上の都合から調号を示すことが出来なかったが、ダヴァーミーのラディーフではもともと高音部がファ・ソリ、低音部がファ・ナチュラルという調号となっている。すなわちそこでは高音部から低音部へと移行するだけで、ファ・ソリからファ・ナチュラルへの回帰というフルード的動きを基本的には達成する事ができるのである。

（注13）「マグルーブ」「ホッディ・オ・パハラヴィ」については、その「固定された」旋律がチャルフ上の位置とも関連性を持つという点から、両方の性質を帯びていると言える。

（注14）第四章第三節「小さなチャルフ」で指摘したのと同様、

- チャハールメズラーブ chahārmezrāb（「四つの撥」を意味する、比較的速度の速い器楽独奏曲）
- モガッダメ moqaddameh（「序」を意味する、速度の緩やかな器楽合奏曲）
- ピシュ・ダルアーマド pishdarāmad（「ダルアーマドの前」を意味する、速度の緩やかな、モガッダメよりも長い器楽合奏曲）

といった形式も、その内部に主要なグーシェの要素が順に示されるのが常である。

第6章

（注1）一九二一年にアリーナキー・ヴァズィーリー 'Alīnaqī-Vazīrī（一八八七～一九七九）によって著されたこの『タール教本 Dastūr-e Tār』は、五線譜による微分音表記・「練習曲」概念の導入・西洋風アレンジ・より弾きやすい楽器の構え方の提唱などによって、イラン音楽教育の近代化のさきがけとなった。

Ma'rūfī, Mūsā. 1995(1963). *Radīf-e Haft Dastgāh-e Mūsīqī-ye Irānī*. Tehran: Anjoman-e Mūsīqī-ye Irān. 3rd.ed.

Mas'ūdie, Mohammad, Taghī. 1995(1978). *Radīf-e Āvāzī-ye Mūsīqī-ye Sonnatī-ye Irān be ravāyat-e Mahmūd-Karīmī*. Tehran: Anjoman-e Mūsīqī-ye Irān. 3rd.ed.

Pāyvar, Farāmarz. 1961. *Dastūr-e Santūr*. Tehran: Enteshārāt-e Vāhed-e Sorūd va Mūsīqī, Edāre-ye koll-e farhang va Ershad-e Eslāmī-ye Esfahān.

_________. 1988. *Doure-ye Ebtedā'ī barāye Santūr*. Tehran.

_________. 1992(?). *Sī Qat'e Chahārmezrāb barāye Santūr 3rd.ed.* Tehran.

_________. 1996. *Radīf-e Āvāzī va Tasnīfhā-ye Qadīmī be ravāyat-e Ostād Abdollāh Davāmi*. Tehran: Moassese-ye Farhangī - Honarī-ye Māhūr.

Sabā, Abolhasan. 1991(1950). *Doure-ye Avval-e Santūr 10th.ed.* Tehran: Enteshārāt-e Montakhab-e Sabā.

_________. 1992(1956). *Doure-ye Dovvom-e Santūr 4th.ed.* Tehran: Enteshārāt-e Montakhab-e Sabā.

_________. 1993(1958). *Doure-ye Sevvom-e Santūr 6th.ed.* Tehran: Enteshārāt-e Montakhab-e Sabā.

Talā'ī, Dāryūsh. 1997(1995). *Radīf-e Mirzā Abdollāh*. Tehran: Moassese-ye Farhangī - Honarī-ye Māhūr. 2nd.ed.

録音資料

Bahārī, 'Alī, Asghar. n.d. *Kamānche*. Tehran: Iran Sedā.

Davāmi, Abdollāh. 1997. *Radīf-e Āvāzī Ostād Abdollāh Davāmi* Tehran: Moassese-ye Farhangī - Honarī-ye Māhūr.

Pāyvar, Farāmarz. n.d. *Chahārgāh-Shūr*. Tehran: Kānūn-e Parvaresh-e Fekrī-ye Kūdakān va Noujavānān.

Rūhafzā, Soleiman. 1998. *Radīf-e Mūsā Ma'rūfī*. Tehran: Moassese-ye Farhangī - Honarī-ye Māhūr.

Talā'ī, Dāryūsh. 1993. *Radīf-e Sāzī-ye Mūsīqī-ye Irān*. Tehran: Moassese-ye Farhangī - Honarī-ye Māhūr.

Zākerī, Behnāz. 1983. *Shūr-Navā*. Tehran: Kārgāh-e Mūsīqī.

信仰（1）」、上岡弘二編『アジア読本　イラン』、東京：河出書房新社、pp.138-146
黒柳恒男　1998『現代ペルシア語辞典』、東京：大学書林
小泉文夫　1978「中東音楽の三極」、板垣雄三編『中東ハンドブック』、講談社、pp.358-360
柘植元一　1985「ペルシャのリズム――西アジア　韻律と拍節」、川田順造・柘植元一編『口頭伝承の比較研究２』、弘文堂、pp.59-80
―――　1989「イラン古典音楽の理論と実践」、蒲生郷昭ほか編『音楽の構造』（岩波講座日本の音楽・アジアの音楽５）、岩波書店、pp.270-288
―――　1990「ペルシア音楽におけるアーヴァーズのリズム」、櫻井哲男ほか編『民族とリズム』（民族音楽叢書８）、東京書籍、pp.144-172
―――　1997「イラン音楽への招待（第８回）――二人の師匠」、『chashm』（日本イラン協会ニュース No.69）、pp.48-53
―――　1998「イラン音楽への招待（第18回）――バールバドの『三十のラハン』をめぐって」、『chashm』（日本イラン協会ニュースNo.80）、pp.26-32
―――　1999「イラン音楽への招待（第22回）――タスニーフをめぐって」、『chashm』（日本イラン協会ニュース No.84）、pp.29-35
堀内勝　1985「アラブのリズム観――西アジア　遊牧生活からの発想」、川田順造・柘植元一編『口頭伝承の比較研究２』、弘文堂、pp.26-58
水野信男　1992「諸民族の音楽様式（理論編第二章）」、藤井知昭ほか編集『民族音楽概論』、東京書籍、pp.30-48

引用楽譜（括弧内は初版年）

During, Jean. 1995 *Radīf-e Sāzī, Mūsīqī-ye Sonnatī-ye Irān, Radīf-e Tār va Setār-e Mirzā Abdollāh be ravāyat-e Nūr'alī Borūmand.* Tehran: Soroush Press. 2nd.ed.
Javāherī, 'Alīrezā. 1997. *Gol-e Ā'īn Hejdah Qat'e barāye Santūr az Parvīz Meshkatiyān.* Tehran.
Kiyāni, Majid. 1990. *Radīf-e Mirzā Abdollāh(1) Dastgāh-e Shūr.* Tehran: Nashr Ney.

Information Coordinators, Inc.

Ong, Walter. 1982. *Orality and Literacy: The Technologizing of the Word.* Methuen&Co.Ltd.（ウォルター・J・オング　1991『声の文化と文字の文化』桜井直文ほか訳　東京：藤原書店）

Peabody, Berkley. 1975. *The winged word: a study in the technique of ancient Greek oral composition as seen principally through Hesiod's Works and days.* Albany: State University of New York Press.

Simms, Robert. 1996. *Avaz in the Recording of Mohammed Reza Shajarian.* Ph.D. Diss. at University of Toronto.

Talā'ī, Dāryūsh. 2002. "A New Approach to the Theory of Persian Art Music: The Radif and the Modal System." In *The Garland Encyclopedia of World Music.* Vol.6, *The Middle East.* edited by Virginia Danielson, Scott Marcus, and Dwight Reynolds【, pp.865-874】. New York and London: Routledge.

Zonis, Ella. 1973. *Classical Persian Music: An Introduction.* Cambridge, Massachusetts: Harvard University Press.

和文

生田久美子　1987『「わざ」から知る』（認知科学選書14）、東京大学出版会

————　2001「職人の「わざ」の伝承過程における「教える」と「学ぶ」——独自の「知識観」「教育観」をめぐって」、茂呂雄二編『実践のエスノグラフィ』（状況論的アプローチ3）、東京：金子書房、pp.230-246

イランイスラム共和国大使館編集　1994『イランイスラム共和国』、東京

大塚和夫　1995「コーラン、宗教的詩歌、歌謡曲——アラブ・イスラームの音とその変容」、櫻井哲男編『20世紀における諸民族文化の伝統と変容（1）20世紀の音』、東京：ドメス出版、pp.141-157

岡田恵美子　1981『イラン人の心』ＮＨＫブックス［393］、東京：日本放送出版協会

上岡弘二　1999「預言者の血と帝王の血と——12イマーム・シーア派の

引用文献

欧文

Blum, Stephen. 1978. "Changing Roles of Performers in Meshhed and Bojnurd, Iran" *Eight Urban Musical Cultures: Tradition and Changes.* edited by Bruno Nettl. University of Illinois Press: 19-95.

Caton, Margaret. 2002. "Performance Practice in Iran: Radīf and Improvisation" In *The Garland Encyclopedia of World Music.* Vol.6, *The Middle East.* edited by Virginia Danielson, Scott Marcus, and Dwight Reynolds 【, pp.129-143】. New York and London: Routledge.

Farhāt, Hormoz. 1965. *The dastgāh Concept in Persian Music.* Los Angeles: Ph.D. Diss. at University of California.

Jairazbhoy, Nazir, A. 1980. "Improvisation." In *The New Grove Dictionary of Music and Musicians.* Vol.9, pp.52-56.

Jihānī, Hamidrezā. 2003. "Yek Jahān va Naghsh-e Jahān *Īrān.* 23 June 2003, p9.

Modir, Hafez. 1986. "Research Models in Ethnomusicology Applied to the Radif Phenomenon in Iranian Classical Music" *Pacific Review of Ethnomusicology* Vol.3: 63-78.

Nettl, Bruno. 1974. "Thoughts on Improvisation: A Comparative Approach" *Musical Quarterly.* Vol.LX, No.1:1-19.

__________. 1998. "Introduction: An Art Neglected in Scholarship" In *In the Course of Performance: Studies in the World of Musical Improvisation.* edited by Bruno Nettl with Melinda Russell. 【, pp.1-23】. Chicago: University of Chicago Press.

__________. 2001 "Improvisation." In *The New Grove Dictionary of Musical Instrument 2nd.ed.* Vol.12, pp.94-98.

Nettl, Bruno with Bela Foltin, Jr. 1972. *Daramad of chahargah: a study in the performance practice of Persian music.* Detroit Monographs in Musicology. Detroit:

5. その他

3. 古典詩の韻律関連

4. 概念、キーワード

2-3. その他

2. 音楽関連用語（ペルシア語）

2-1. 旋法

2-2. グーシェ

索引

1. 人名

著者紹介

谷正人（たに・まさと）

1971年大阪生まれ。音楽学専攻。大阪音楽大学およびイラン国立芸術大学（サントゥール）卒業。京都市立芸術大学大学院修士課程および大阪大学大学院文学研究科博士後期課程修了（音楽学）。ファラーマルズ・パーイヴァル、スィヤーバシュ・カームカールらにサントゥールを師事。1998年第1回イラン学生音楽コンクールサントゥール独奏部門奨励賞受賞。現在、神戸大学国際人間科学部准教授。著書に『イラン音楽――声の文化と即興』（青土社、2007年、第25回田邉尚雄賞受賞）、『イラン伝統音楽の即興演奏――声・楽器・身体・旋法体系をめぐる相互作用』（スタイルノート、2021年）など。著者のウェブサイト　http://www2.kobe-u.ac.jp/~tanimast/

イラン音楽

声の文化と即興

新装版

2022年3月25日　第1刷印刷

2022年4月10日　第1刷発行

著者――谷正人

発行者――清水一人

発行所――青土社

東京都千代田区神田神保町1－29市瀬ビル〒101－0051

［電話］03-3291-9831（編集）　03-3294-7829（営業）

［振替］00190-7-192955

印刷所・製本――ディグ

ISBN978-4-7917-7457-9　Printed in Japan